商业新闻出版公司和轻松读文化事业有限公司提供内容支持

企业成功大战略

浓缩书编辑部　编

中国盲文出版社

图书在版编目（CIP）数据

企业成功大战略：大字版/浓缩书编辑部编．—北京：中国盲文出版社，2015.12

（速读大师）

ISBN 978—7—5002—6932—8

Ⅰ．①企⋯ Ⅱ．①浓⋯ Ⅲ．①企业战略 Ⅳ．① F272

中国版本图书馆 CIP 数据核字（2015）第 309617 号

本书由轻松读文化事业有限公司授权出版

企业成功大战略

编　　　者：	浓缩书编辑部
出版发行：	中国盲文出版社
社　　　址：	北京市西城区太平街甲 6 号
邮政编码：	100050
印　　　刷：	北京汇林印务有限公司
经　　　销：	新华书店
开　　　本：	787×1092　1/16
字　　　数：	100 千字
印　　　张：	12.75
版　　　次：	2015 年 12 月第 1 版　2017 年 3 月第 2 次印刷
书　　　号：	ISBN 978—7—5002—6932—8/F·106
定　　　价：	28.00 元
销售热线：	（010）83190289　83190292　83190297

版权所有　　侵权必究　　　　印装错误可随时退换

出版前言

数字文明为我们求知问道、拓展格局带来空前便利，同时也使我们深受信息过剩、知识爆炸的困扰。面对海量信息，闭目塞听、望洋兴叹固非良策，不分主次、照单全收更无可能。时代快速变化，竞争不断升级，要想克服本领恐慌，防止无知而盲、少知而迷，需尽可能将主流社会的最新智力成果内化于心、外化于行，如此才能更好地顺应时代，提高成功概率。为使读者精准快速地把握分散在万千书卷中的新理念、新策略、新创意、新方法，我们组织编写了这套书。

这套书旨在帮助读者提高阅读质量和效率。我们依托海内外相关知识服务机构十多年的持续积累，博观约取，从经济管理、创业创新、投资理财、营销创意、人际沟通、名企分析等方面选取数百种与时俱进又经世致用的好书分类整合，凝练出版。它们或传播现代经管新知，或讲授实用营销技巧，或聚焦创新创业，或分析成功者要素组合，真知云集，灼见荟萃。期待这些凝聚着当代经济社会管理创新创意亮点的好书，能为提升您的学识见解和能力建设提供优质有效便捷的阅读资源。

聚焦对最新知识的深度加工和闪光点提炼是这套书的突出特点。每本书集中解读4种主题相关的代表性好书，以"要点整理""5分钟摘要""主题看板""关键词解读""轻松读大师"等栏目精炼呈现各书核心观点，崇真尚实，化繁为简，您可利用各种碎片化时间在赏心悦目中取其精髓。常读常新，明辨笃行，您一定会悟得更深更透，做得更好更快。

好书不厌百回读，熟读深思子自知。作为精准知识服务的一次尝试，我们期待能帮您开启高效率的阅读。让我们一起成长和超越！

目　录

引爆流行风潮……………………………………1

　　流行风潮袭来时，常给人"忽如一夜春风来，千树万树梨花开"之感。我们习惯的线性思维很难解释这一现象，而流行病的扩散模式却给了我们解密和启动流行的钥匙。要想引爆潮流，我们需要：确定哪些人是强大的"病原携带者"，即找出关键少数；改善信息的呈现方式，使新思想、新观念具有"黏着力"；营造出适宜流行传播的情境。

企业成功大战略

助人为成交之本……………………………………51

销售的实质并不是尽快签单,而是为顾客排忧解难,从而奠定长久合作的基础。当顾客相信我们的方案能够解决问题、创造价值时,他们自然会提出购买需求。"高效销售法"详细指导我们如何在销售会议前充分准备、增进了解、争取面谈机会;在会议中取得信任、寻找核心问题、提出解决方案;在会议后整理思绪、安排后续追踪。

目　录

战略图 ·· 103

　　借助简单的结构，"战略图"将企业的运作环节及战略目标间的关系呈现出来。它使得员工对企业策略达成共识，有效促进各部门间的沟通和配合，并担任了化解冲突的角色，进而推动员工高效地利用企业的无形资产与有形资产创造价值。配合管理大师卡普兰和诺顿的"平衡计分卡"工具一起使用，战略图将大大提升企业策略的管理和执行能力。

企业成功大战略

Scrum 敏捷开发术……………………………145

　　以往的项目管理方法多花费大量时间、金钱在制定和更新计划上,殊不知面对未知领域,变动是常态,应变才是王道。Scrum敏捷开发术强调团队在产品开发和项目推进中的重要性,主张授予团队自主权,帮助团队建立高度透明和密切的日常协同模式。在提高效率的同时,这种新型的管理方式将为你扫除"计划赶不上变化"带来的焦虑感。

引爆流行风潮

The Tipping Point

How Little Things Can Make a Big Difference

原著作者简介

马尔科姆·格拉德威尔（Malcolm Gladwell），新闻工作者兼公众演说家。曾经是《华盛顿邮报》记者，1996年起担任《纽约客》特约撰稿员。著有《决断2秒间》《异类》《大开眼界》《以小胜大》等畅销书。生于英格兰，成长于加拿大，毕业于多伦多大学，2011年获颁加拿大勋章。

本文编译：乐为良

主要内容

主题看板	流行是一种传染病 / 5
轻松读大师	引言 / 9
	一　关键少数 / 12
	二　黏着力 / 24
	三　情境力 / 35

流行是一种传染病

一个新观念、新产品或新的消费者偏好的流行总是来得又急又快,让人摸不着头脑。然而,流行其实有脉络可循,就像你虽然不能肯定是谁把感冒传染给你的,但病毒必定有一个源头。

社会上经常出现一些流行现象,有的可能令人瞠目结舌,有的却让人忍不住仿而效之。偶尔,我们也会纳闷这些现象究竟是怎么产生的,为什么大家突然流行起做一样的事、讲一样的话、吃同一种东西、读同一本书……

马尔科姆·格拉德威尔曾被美国商业杂志《快速公司》(Fast Company)誉为"21世纪的彼得·德鲁克"。他善于运用社会科学研究,分析生活中一些难以描述却无所不在的现象。迄今为止，他共出版5本著作。这5本书均荣登《纽约时报》畅销书排行榜，而《引爆流行风潮》正是他引爆世界关注的第一本书。在此之后，不仅企业热衷于应用他提出的观点，就连商学院也把他的著作和文章当做课堂上的必读教材。

用心观察，揭开一夕爆红背后的真相

用流行病学来解释社会上流行的现象再适合不过。简单说，在真实世界中，一个新观念、新产品和新的消费者偏好的传播模式，就像"病毒"一般。当然流行病听起来令人不安，一定得想办法杜绝病毒传染扩散。但是当你希望将新的观念或产品扩散成为流行畅销品时，你就得跟"病毒"好好学习，寻找最佳的传播途径。

格拉德威尔在书中披露的就是这个最佳传播途径：首先，你得找到关键少数，即最佳"病原携带者"，然后用让人难忘且无从抗拒的方法包装信息，再配合适当的情境，就能将"病毒"扩

引爆流行风潮

散出去。这就是书中提出的流行3法则：关键少数、黏着力及情境力。

然而，道理说来简单，做起来却不一定容易。举例来说，许多政府的政策宣传就很难做到这点，总是雷声大雨点小，难以在民众中引起广泛共鸣。许多公司政策的实施也是如此，结果不是各行其是，就是产生上有政策下有对策的怪异现象。更别提那些广告铺天盖地却无人问津的产品。

用对方法，引爆风潮只要一个小小的喷嚏

当然，我们想效法的是成功的案例。在人们只看到流行袭来后的热闹场面时，我们更想学会如何充分掌握流行法则，让我们想推销的观念或产品能带动风潮。

尤其在今日信息爆炸的时代，即使你抢到麦克风大声疾呼，都未必能给人留下印象。因为每个人每天都会收到让人应接不暇的资讯，即使你的观念或产品再好，也都和其他资讯堆叠在一

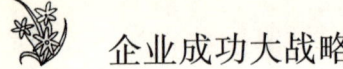

起，很难有辨识度。今天在许多人大谈病毒式营销、内容营销、情景营销时，让我们重温格拉德威尔的流行3法则，你会发现只要用对方法，引爆流行风潮真的不依赖于金钱和蛮力，而是取决于一个事后看来极微小却关键的动作。

　　下一次，当你有个想法要推广时，不妨试试书中提出的3项法则。把你需要的元素——关键少数、黏着力及情境力准备好，然后让你的想法散播出去。当然，真相只有你知道就好。如果成功了，你的想法或许将成为下一个研究对象。

引言

在思考新观念、新产品和新的消费者偏好如何兴起时,最好的办法就是认为它们遵循的是流行病传播规律,而非传统的因果关系。

流行有3大特征:

(1)高度传染性,也就是说一小拨人可以把流行传播给广大人群。

(2)小变化可以产生大影响,只要受感染人数到达临界值。

(3)变化发生时急速剧烈,而不是以线性方式蔓延。也就是说观念不会缓慢匀速地为人所知,而是会迅速传播。

"引爆点"(tipping point)指的是流行性疾病

或病毒达到临界数量的那一刻。当疾病扩散超过此点时，受感染人数会急剧增加。或者将这一概念图像化，引爆点可视为平衡木上的某一点。在低于引爆点处（A点）施压，效果非常有限。然而，若在引爆点之后施压，效果便显著得多。

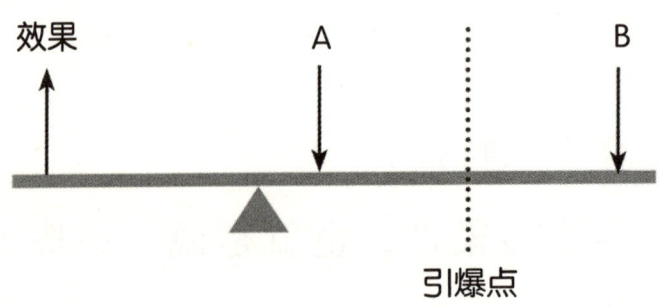

引爆点的概念乍看好像违反直觉。这是因为，我们习惯于认为世界以线性方式运转，认为投入与效果之间存在着一定的比例关系。但是，病毒的世界不同。就各种几何增长而言，都存在增长开始急剧爆发的一个点。这就是引爆点概念的本质。

引爆流行风潮

要真正达到甚至超越引爆点,新流行、新病毒或新观念必须遵守3个基本法则:

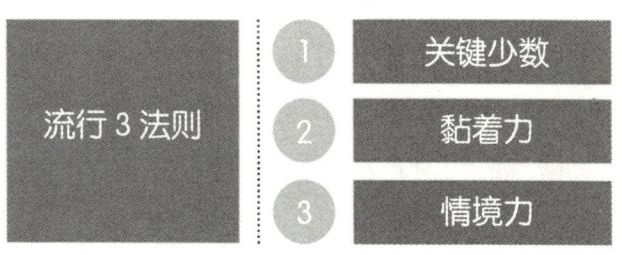

关键思维

面对生活中种种神秘的变化,如流行趋势的出现、犯罪潮的消长、无名作品成为畅销书的转变、青少年吸烟人数的上升或某个词语的流行,理解它们的最好方式就是把它们看成传染病。观念、产品、信息和行为的传播就像病毒的蔓延。

——马尔科姆·格拉德威尔

一　关键少数

流行的散播过程从来都不靠群策群力，而是由拥有相应技能的少数特殊人物完成大部分的工作。流行散播者主要有3种：

◎长袖善舞者——有特殊天分广结善缘的人。

◎行家——掌握最新、最有趣信息的消息灵通人士。

◎销售员——善于说服别人采取某种行为的人。

要成功创造流行，这3种特殊人士你都需要。

流行并不会自己散播，靠人们口口相传也不足以形成气候。竞争太激烈了。某个观念能否在社会上流行起来也并不取决于观念本身的好坏。

引爆流行风潮

要想使某个流行趋势发展到众人熟知的阶段，初期就必须有适当的人参与。散播流行需要3种具有专业技能和个性的关键人士：

（1）长袖善舞者——这类人拥有把全世界联系在一起的天分。杰出的长袖善舞者拥有以下特质：

◎交游广阔。

长袖善舞者擅长结识周围的人，也熟知他们的需求和喜好。这类人结交的对象非常广泛。人们信任长袖善舞者，也愿意相信他传播的资讯。

◎认识核心人物。

核心人物有"呼风唤雨"的能力。长袖善舞者结交核心人物，周旋于各种不同的社交圈子。一流的长袖善舞者广结善缘，这使得他能够在不经意间就让观念在不同的社会阶层间快速传播开来。

◎想象力丰富。

他喜欢亲自核查事实，而不是依赖于第三手

企业成功大战略

资料,并在每个人身上都可以发现有趣的事。

◎个性开朗。

◎热爱社交,希望成为所有有趣或流行事物的中心。

(2)行家——行家是社会上的信息专家,是我们遇到问题时就会去求教的那类聪明人。他持续不断地收集和分享资讯。例如,如果有家超市想办个促销活动,提供看似"打折"但其实是正常价格的商品,行家就是能识破商家骗局的那种人。事实上,优秀的行家一般会采取进一步行动,告诉所有朋友和熟人商家到底想干什么。各行各业或每个社交媒体中都有这种行家。

行家就是想搞清楚生活中怎样做最划算,然后与朋友分享心得。他积极社交,对任何事物都有强烈的好奇心。

行家的典型特征是:

◎广泛阅读杂志、报纸、书籍等。

引爆流行风潮

◎乐于替人出主意而不期待回报。

◎真把提供好建议当一回事。

◎动机主要是教育和帮助他人。

（3）销售员——长袖善舞者想受到重视，行家乐于充当教师，销售员则满心希望大家依照他的推荐和建议去行动。他是世上最好的说服者。高效的销售员有以下特征：

◎天生热情洋溢。人们乐于跟他相处、听他说话。

◎乐于助人。往往会邀集相关服务提供者来临时成军，为别人的问题提供完整的解决方案。

◎充满人格魅力，具有领袖气质。

◎热诚，爱好工作且视之为服务机会。

◎擅长运用各种说服技巧和方法，如非言语提示和潜意识信息。

◎极富表达力，口齿伶俐。

◎个性外向而合群。

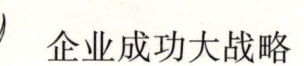

要推动社会流行发展，长袖善舞者、行家和销售员缺一不可。好观念和席卷社会的流行趋势差别就在于此。当好观念为适当的特殊人士所注意和宣传时，便开始蔓延，进而成为社会潮流。

关键思维

想开创流行就要把资源集中用于几个主要领域。关键少数法则要求，由长袖善舞者、行家和销售员负责通过口头推荐发动流行。也就是说，如果你想以口口相传的方式来推动流行，你的资源应该只用于这3种人。其他皆属次要。

——马尔科姆·格拉德威尔

看法不同的人或许看不起这些高度聚焦、针对性强的干预措施，认为这些措施像创可贴一样，只能解决表面问题。但是，创可贴廉价、方便、用途广泛，可以解决各式各样的问题。自问世以来，创可贴可能已让数以百万计的人继续

引爆流行风潮

工作、打网球、做饭或行走，否则他们就得中断那些活动。创可贴实际上就是一种最好的解决方案，因为它以最少的精力、时间和成本解决问题。当然，我们本能地蔑视这样的解决方案，因为我们都觉得能真正解决问题的方法必然更加周全。但有时我们需要方便快捷的方式，以四两拨千斤，而引爆点就是这么一回事。

——马尔科姆·格拉德威尔

引爆点理论的核心思想是事物会突然发生变化，这很可能也是最难让人接受之处。"引爆点"的说法最初流行于20世纪70年代，用来描述白人从美国东北部旧城迁往郊区的举动。社会学家指出，当搬进某社区的非裔美国人达到一定比例——如20%时，社区就将"引爆"：剩余的大部分白人几乎会立即迁离。引爆点即临界数量、阀值、沸点。

——马尔科姆·格拉德威尔

企业成功大战略

以下是几个案例分析：

（1）保罗·里维尔

史上最有名的故事之一是波士顿银匠保罗·里维尔半夜策马到莱克星顿。事件发生在1775年4月18日晚。两小时内，保罗·里维尔奔走21千米警示查尔斯顿、梅德福、北剑桥和阿灵顿等殖民地的领袖。消息像病毒般散播，子夜1点传到麻省的林肯，半夜3点传到萨伯里，清晨5点到达安多佛（距波士顿65千米），9点到阿什比。结果，当英军终于开始进军莱克星顿去逮捕约翰·汉考克和塞缪尔·亚当斯时，非常惊讶他们竟遭到有组织的激烈抵抗。这次交战开启了美国独立战争。

乍看上去，这似乎是史上最著名的口耳相传的例子。多数人以为"英军来了"这消息本身就够骇人听闻的，保罗·里维尔一定能完成任务。但是，这种解释忽略了当晚事件中的其他情况。

引爆流行风潮

保罗·里维尔离开波士顿策马北行的同时，革命战友威廉·道斯则往西行。他沿途传送与保罗·里维尔相同的消息，从波士顿往西，一路通告所有乡镇直到莱克星顿。道斯奔走的距离不下于保罗·里维尔，然而当民兵第二天组织起来对付英军时，道斯通知的那些乡镇几乎没有人来。当然，青史留名的是保罗·里维尔，威廉·道斯则默默无闻。

那么，为什么道斯失败而保罗·里维尔如此成功？如果病毒的口耳相传要看消息的品质，两人应该都会成功。道斯前去的村庄也没有比里维尔所通知的村庄更为亲英——当波士顿以西乡镇的居民一听战争已经开始，他们便蜂拥加入。

不同之处在于，保罗·里维尔是长袖善舞者，善于交际且合群。他喜爱钓鱼、打猎、打牌、看戏，而且是一位成功的商人。因为介入各种圈子，保罗·里维尔有良好的人脉关系，拥有像18世纪

企业成功大战略

的 Rolodex 那样厚厚的名片盒。他是社会上最杰出的公民之一，他的银匠铺自然成了人们聚集并交换英军小道消息的场所。

因此，当一名马厩工人无意中听到英国军官跟另一名军官说"明天麻烦大了"时，他就把这条消息告诉了保罗·里维尔。当里维尔骑马穿越夜深人静的各乡镇时，对应该去敲哪些人的门他心里有数。里维尔知道每个乡镇的核心人物是谁——这些人会各自发挥长袖善舞者的功能，尽快传递消息。

威廉·道斯刚好相反，没有这么好的人脉网。当他骑马入城时，根本不知道要敲谁的门。因此，他尽己所能散播消息，但收讯人很可能不知道怎么看待这则消息。结果，尽管所携消息意义重大，道斯却未能引起轰动。

（2）Airwalk

20 世纪 80 年代中期，两位创业家决定开始

引爆流行风潮

生产滑板鞋,并将公司命名为 Airwalk。该名称取自一个滑板招式:玩家从斜坡飞起后,两脚脱离滑板在空中做一两个花式动作,然后再落地。公司迅速在滑板族群中培养了一批拥趸,几年内年销售额便达 1300 万美元。

20 世纪 90 年代初,Airwalk 的老板们决定将公司发展壮大。他们开发了各种适合冲浪、单板滑雪、山地骑行和自行车赛使用的鞋子。4 年间,Airwalk 的销售额从 1600 万美元扩大到 1.75 亿美元。此番令人咋舌的成长,原因不仅是公司进军新市场,也靠精彩卓越的广告宣传,让公司跨越了引爆点。

广告包括一系列以独特方式穿用 Airwalk 鞋的人的生动影像。这些影像还包含了在圈内开始流行的新趋势和新观念。例如,在一条 Airwalk 广告中,一名年轻男子开车到新墨西哥州的罗斯威尔,而他的 Airwalk 鞋却被外星人没

企业成功大战略

收。这正是抓住了当时民众对外星人感兴趣的时机。通过借用新兴潮流，Airwalk设法将自己定位为最懂年轻人心理的前沿公司。因此，公司的销售节节攀升。

　　Airwalk创立时就将经销渠道划分得极好。公司把较耐用且昂贵的滑板鞋交由小而新的滑板店销售，这些店以尖端前卫出名。不太精致或较便宜的款式则在购物中心销售。这套做法很管用，因为它让最前卫的滑板爱好者穿上不同于他人的且更独特的鞋。同时，它也让主流顾客穿上跟引领潮流的酷孩子一样品牌的鞋子。

　　然而，就在大受欢迎之际，Airwalk犯下重大失误。公司不再向专卖店提供自己的鞋子。这一决定使Airwalk不再是最前卫孩子的首选品牌。公司失去主要的特色。不久，销售量快速下滑。再加上生产问题，导致在关键的返校零售旺季，产品供应不足。上述问题使得Airwalk的销售急

引爆流行风潮

剧下降。

  引进任何新技术都有个引爆点。夏普于1984年推出第一款低价传真机,并在第一年售出约8万台。接下来的3年,购买传真机的企业缓慢而稳定地增加,直到1987年,当足够多的人拥有传真机时,人手一台变得理所当然。1987年即是传真机的引爆点。该年传真机销量破百万台,到1989年,已有200万台传真机投入使用。

——马尔科姆·格拉德威尔

二 黏着力

很简单，愈是令人难忘或引人注意的观念，"黏着力"或冲击力就愈大。除非你能让人们记得你对他们说了什么，否则你的观念不太可能改变他们的所思所为。要创造强有力的流行，就得提高观念的黏着力。

找到合适的人——长袖善舞者、行家和销售员参与流行的散播很重要。同样，信息本身也很重要。信息之所以能够越来越流行，是因为它本身引人注意，而不是单调平凡。或者更准确地说，信息要想流行开来，其自身要有黏着力。

广告商试着借助下列方式让广告有黏性：
◎一遍又一遍播放同一条广告。

引爆流行风潮

◎充分渗透媒体。

◎附带幽默且炫丽的图形或由名人代言。

◎开发五六个不同版本的广告,并测试出哪一个效果最好。

◎投入巨资。

这些方法的唯一问题是,当今美国人平均每天要接收254个不同的广告信息——比20世纪70年代中期多出约25%。此外,网络上有数以百万计的网站,大部分电视机能播出50个以上有线电视或卫星电视节目频道,而且每天都有新杂志创刊发行。要让一条信息在这片嘈杂的信息海洋中脱颖而出非常困难——除非信息有黏性,否则它无法像传染病那样蔓延。

黏着力主要讲的是,总有个简单方法来包装信息,使信息令人难忘且无从抗拒。问题是要能找到这个方法。让我们看看以下几个个案,学习别人做了些什么来提高黏着力。

企业成功大战略

（1）打破伤风针

耶鲁大学一位社会心理学家想做个研究，试图说服耶鲁的大四学生打破伤风疫苗。他先发给学生一本7页的小册子，解释破伤风的危险、接种的重要性以及在校医院可免费打破伤风疫苗。

该手册有两个版本。"高恐惧"版有破伤风患者发作时的彩色照片和夸张煽情的文字描述。"低恐惧"版的描述则较为收敛且不含照片。然而，没想到两种小册子产生的效果一样——只有3%的学生听从劝告去打了破伤风针。

第二年重做实验时，同样使用这两本小册子，但附上了校园地图，并圈出了校医院所在的建筑。看似不起眼的变化，使接种率从3%上升到28%。高恐惧和低恐惧两种版本的效果还是一样。

这项实验有趣的地方是，就大四生而言，他们肯定早已知道校医院在哪，也肯定去过几次。

是否真的有人使用了该地图值得怀疑。换句话说，引爆破伤风信息所需要的，并不是大量新的或额外的资讯，而是信息呈现方式上微妙而重要的变化。学生需要知道如何安排时间去打破伤风针。添加的地图和打针时段，使得小册子从抽象的疾病风险解说，变成实用且私人的医疗建议。建议只要变得实用且个性化，就会令人难忘。

（2）金盒子

20世纪70年代，直销商莱斯特·伟门跟麦肯广告公司竞标哥伦比亚唱片俱乐部的生意。伟门提出一个竞争方案，他会在13个媒体市场刊登平面广告，而麦肯公司则在另外的13个市场播放电视广告。谁的广告为客户赢得的反响更大，谁就拿走整单生意。

伟门的平面广告带来80%以上的业务，而麦肯公司的电视广告只带来了20%的增长。伟门成功的关键是什么？他运用了一种叫做"寻宝"的简单手法。

伟门通过广告告诉顾客，如果他们发现订单一角印有金盒子，便可写下任何一张哥伦比亚俱乐部唱片的名字，然后只要加入俱乐部会员便可免费拥有这张唱片。这带来疯狂的反应，人们开始寻找角上印有金盒子的哥伦比亚订单——每张订单都有。对许多人来说，这仿佛是场游戏。

关键思维

金盒子让读者和观众参与到互动的广告系统中。观众不再是受众，而成了参与者，就像在玩游戏。该活动的成效惊人。1977年，哥伦比亚唱片俱乐部在众多杂志推出的广告全都赔钱。1978年，有电视帮忙宣传金盒子活动，每期杂志都带来收益，这是前所未有的逆袭。

——莱斯特·伟门

（3）《芝麻街》

学龄前儿童电视节目的概念始于20世纪60年代后期。某电视制片人想要做个节目，给弱势家庭的孩子提供学习阅读的机会。她找来一位哈佛大学的心理学家和合作方，进一步完善这一理念。《芝麻街》就这样诞生了。

节目组最初的设计是把《芝麻街》分成真人发言和木偶表演两部分，因为儿童心理学家认为将幻想和现实混合会不利于儿童。

然而，当制作完几集《芝麻街》试片并播给孩子们看时，只要真人一说话，小观众便兴致全无，而当木偶上场时却是聚精会神。节目组最后决定不理会专家的建议，让真人和木偶同时出场，以吸引和留住小观众的注意力。

节目组和团队接着创造了一系列真人大小的布偶，能像大人一样说说跳跳。大鸟、奥斯卡、长毛象等角色即由此而来。

关键思维

把《芝麻街》当成灵光一闪想出的节目就错了。恰恰相反，该节目之所以非比寻常，是因为人们苦思冥想、精心设计才做出了成品。《芝麻街》的成功体现了一个突破性的真知灼见：若能吸引孩子注意，便能教导他们。我们现在所知的《芝麻街》的本质——巧妙结合毛绒玩偶和认真的大人，全部源自让节目有黏着性的热切愿望。

——马尔科姆·格拉德威尔

（4）《蓝色斑点狗》

20世纪90年代中期，尼克儿童频道3位年轻的电视制片人想制作一个比《芝麻街》更有吸引力的儿童电视节目。他们决定放手一搏，制作了新节目《蓝色斑点狗》。

《芝麻街》采用了"杂志"形式，即节目由

引爆流行风潮

约40个各自独立的部分组成，而《蓝色斑点狗》则简单多了，主角就是一位叫做史蒂夫的主讲人以及一只叫做蓝蓝的动画狗。每次节目开始，史蒂夫都会提出一个问题，接下来的内容会提供3条帮助小观众解答问题的线索。每集节目的结尾都是史蒂夫坐在他的思考椅上，梳理线索得出正确答案。

例如，有一集问的是：蓝蓝最喜爱什么故事。线索之一是史蒂夫与3只熊坐在一起，它们的粥碗已经搞混了。节目请观众帮忙把小碗配给熊宝宝，中碗给熊妈妈，等等。节目最后，小朋友们几乎都从椅子上跳起来高喊谜底。

《蓝色斑点狗》还做了件很不寻常的事。节目组不再每天播放一集新节目，而是同一集连播5天。这是因为节目制作人发现，当一周内节目重复播出时，学龄前儿童的理解力会不断增强。事实上，连续观看同一集，孩子们在回答问题时变得更活跃、更积极。处在这个年龄段的孩子似乎比较倾向于可预测和易理解的事物，而不是学习新东西带来的新奇感，因此《蓝色斑点狗》创新地迎合了观众的这种需求。

开播后几个月内，《蓝色斑点狗》得到了远高于《芝麻街》的评价。

关键思维

想象一下学龄前儿童的世界，他们的四周充满了未知的东西，他们觉得非常新奇。因此，与其他孩子不同，学龄前儿童的学习动力并不在于寻求新鲜感，而在于寻找可预测性和可理解性。对于较小的孩子而言，重复非常重要，他们需要重复。反复观看同一节目时，他们不仅能更好地理解片中内容，还能通过正确预测剧情来获得自我认同感。《蓝色斑点狗》强化了这种自我认同感，因为它使小观众觉得自己参与到了节目之中，正在帮助史蒂夫。

——丹尼尔·安德森，《蓝色斑点狗》开发人

从上述4个案例可以看出，黏着力的概念有点违反直觉。例如，让顾客加入寻宝游戏，在订单上寻找金盒子，这个点子听起来很怪。同样的，给学生一份他们并不需要的地图，指示他们早已知道的医院的位置，要比用生动的图片吓唬他们更能激励他们去打破伤风疫苗，这点子听起来也很怪异。而一个非常简单的电视节目（且重播5次）会赢过极聪明的《芝麻街》，这也很不寻常。然而，所有这些例子都说明了什么叫做黏着力。

很多人都倾向于认为，我们之所以能影响别人是因为我们的想法本身很好。但上述案例中，没有人大幅更改他们所要表达的内容，而是通过改进其表达形式来引爆他们的信息。受众排斥与接受、潮流盛行与没落，它们之间的差别，有时

没有想象中那么大。要理解各种社会潮流，我们首先必须明白，人类的信息传播自有一套非比寻常且违反直觉的法则。

引爆点理论要求我们换个方式看世界。现实世界中，事物的运行常与我们的直觉不一致。成功创造社会流行的人，不只是做自认为对的事，还会留意测试自己的直觉。

根据关键少数法则，确实存在能够启动流行的非凡人才。黏着力讲的也是这回事。在适宜的条件下，经过简单包装，信息就可以变得让人难以抗拒。你要做的就是找到合适的包装方法。

三　情境力

　　流行总能反映出它们所在的环境。要想让人们实践某个新观念，关键就在于把该观念放在对的环境中。人类受环境影响的程度远超过我们的预期。新观念是潮流的重要组成部分，而观念所处的情境对于我们最终能否引爆流行具有深远影响。因此，要想散播流行，就得创造合适的情境。

　　流行对时下的条件和环境总是很敏感。流行产生的条件和环境，对流行的散播有着深刻而长远的影响。

　　请花一分钟想想，如果保罗·里维尔是在下午而不是在午夜传递消息，他是否还能如此成功？如果换做白天，此次被里维尔从梦中惊醒的多数人恐怕已经到田间劳作或外出办事了。保罗·里维尔将人从床上叫起这件事，加强了消息的戏剧性和影响力。这次事件中，合适的情境加强了流行的传染力，其他时候亦是如此。

换句话说，流行的外部环境能够影响其命运，一些小的细节决定了流行会被引爆、逆转还是改变方向。此时，真正重要的就是这些细节。为什么呢？因为流行的散播与否，主要取决于人们的想法，而人们的想法又颇受外界环境及周围人的观点的左右。群体内的互动对流行的传染有着重大影响。

具体而言，群体对流行的推动作用表现在以下几方面：

◎放大观念的重要性。

这是因为群体使其成员觉得每个人都在谈论这一观念。

◎帮助简化观念。

人类处理资讯的能力有限，如果细节太多，多数人会不知所措。因此，群体可以把复杂的资讯分解成最简单的元素，这有助于散播主要观念和其他相关内容。

◎创造氛围。

群体借助社会结构、强弱次序、表彰模范等机制，可有效地鼓励或打压某种行为。

关键思维

去过电影院的人都知道，影院观众的数量对电影的好看程度有很大的影响：在挤满观众的电影院，喜剧永远最好笑，恐怖片一定最吓人。心理学家带给我们的启示与之类似：人们在不同情况下——独处或处在群体之中时，他们对证据的分析和做出的决定非常不同。一旦身处群体之中，人们就容易受到同伴压力、社会规范以及其他各种因素影响，这些因素对于潮流能否从兴起走向壮大起着关键作用。

　　　　——马尔科姆·格拉德威尔

以下是几例案例分析：

（1）"破窗"理论

在20世纪90年代，犯罪学家詹姆斯·威尔逊和乔治·凯林提出了"破窗"理论。他们认为，从本质上来说，犯罪是失序的必然结果。因此，如果人们看到一栋建筑的破窗没有修好，他们便认为没人在乎这栋建筑。很快地，更多窗户被打破，最后这种失序心态会散播到其他地方。

詹姆斯·威尔逊和乔治·凯林说，无论是基于投机心理还是作案经验，拦路抢劫者和强盗相信，如果在他们作案的街道上，潜在受害者已经被之前的犯罪事件惊吓，那么他们被抓或被指认的几率就会降低。如果社区无法阻止烦人的乞丐骚扰路人，小偷就会认为，社区更不可能叫警察来找出潜在的抢劫犯，或在真发生抢劫时叫警察拦阻。

与世界上许多其他城市一样，纽约市出现过严重的暴力犯罪问题。20世纪80年代，纽约市平均每年发生2000多起谋杀案和60万件严重犯罪。整个地铁环境可谓混乱至极。司空见惯的逃票行为，给交通局造成每年高达1.5亿美元的收入损失。地铁系统内每年发生约1.5万起严重犯罪，到80年代末，这一数字增加到2万。再加上乞丐骚扰乘客以及轻罪普遍发生，搭乘人次降到地铁系统历史新低。后来，乔治·凯林被纽约地铁公司聘为顾问，将"破窗"理论付诸实践。他认为，要让纽约地铁变得更加安全，关键在于要全面清除涂鸦。

清洗站设于列车的终点站，所有带有涂鸦的车厢一进站就可立即清洗或被更换成干净的车厢。清理工作从1984年持续至1990年，花了7年时间，但是，毫无预兆地，犯罪潮开始逆转。从1990年的最高水平，犯罪率急剧下降。纽约迅速成为全美最安全的大城市。

关键思维

情境力法则是一种环境论，主张人的行为是社会情境作用的结果，主张真正重要的是小事情。情境力指出，你不必通过解决大问题来消除犯罪。只要清除涂鸦并逮住逃票者便可防止犯罪：犯罪潮有简单又明确的转折点。

——马尔科姆·格拉德威尔

（2）"好撒玛利亚人"测试

普林斯顿大学的两位心理学家决定借鉴《圣经·路加福音》中的好撒玛利亚人故事来做个研究。《圣经》记载，一名遭到殴打和抢劫的旅人，不被虔诚的犹太人所理会,却得到了被鄙视的少数族群好撒玛利亚人的帮助。

心理学家从普林斯顿神学院找到一小组人。研究者设想,既然这些学生读书都是为了担任神职,自然乐于助人。学生们被告知,他们必须前往另一栋楼,向一群大人物阐述好撒玛利亚人的比喻。随后这些学生分别接受指示,逐一前往那栋楼:

◎部分学生被告知,他们要迟到了,最好赶紧前往那栋楼开始报告。

◎其余的学生被告知,他们时间充裕,但不妨先去那栋楼做好准备。

两栋楼间的通道上安排了一名演员,他瘫坐在地上,低着头,眼睛闭着,咳嗽又呻吟。这些神学院的学生刚刚回顾了好撒玛利亚人的故事,随后心理学家记录下他们是否会将故事中的信仰转化为实际行动。

实验的结果相当出人意料：被告知赶紧前去的那一组学生中，只有 10% 的人停下来施以援手。第二组（多出几分钟时间）中则有 63% 的人停下来帮助演员。

这项研究表明，当下情境对行为的引导作用，比人们内心的信念和脑中的思想都要强。一句"哦，你晚了"，就能让一个平常充满爱心的人变得对痛苦不闻不问，或者说在那一刻，使受试者变成了另一个人。从根本上说，流行就是指这一转型过程。当我们想引爆某种观念、态度或产品时，我们是想从微小但重要的方面改变受众；我们想感染他们，使他们加入流行，从讨厌变成接受该流行。要想实现这一目标，我们可以借助特殊人士，也就是人脉极佳的人物的影响力。这就是关键少数法则。我们可以改变交流的内容，使信息变得令人难忘，黏附在受众脑中，并促使他们行动起来。这就是黏着力法则。这两个法则都符合人们的直觉。但必须记得，在引爆流行时，情境的微小变化跟上述两个法则同样重要，这虽然与我们关于人类的某些根深蒂固的假设不一致，却是事实。

（3）150法则

如果你想启动流行，团队规模多大时效率最高呢？

很多人以为团队愈大愈好，其实不然。事实上，许多组织发现最佳团队规模就是150人左右。

简单来说，一旦接近150人的引爆点，团队便开始出现结构性障碍，使团队成员的想法和行动难以统一起来。许多公司都意识到了这一现象，并极力将公司内各部门的规模限制在150人左右。只要有哪个部门的人数超过这个分界点，便将其分割。

戈尔公司便是应用此方法的一个好例子。该公司总部位于美国特拉华州纽瓦克，是一家私营公司，生产Gore-Tex防水布料、Glide牙线等专业产品。尽管戈尔的营业额高达数十亿美元，公司仍设法像小型初创企业那样运作，通过坚守150法则来培养这种心态。

戈尔常在旧厂附近建造新厂，从而确保每个工厂最多只有150名员工。在特拉华州一个半径约20千米的区域内，戈尔有15座工厂。有些工厂之间仅以停车场隔开，但这足以带来独立感。

随着公司的成长，戈尔经历了分割和再分割的过程，并把工作切分得愈来愈细。更妙的是，因为在这些小厂内大家彼此熟识，所以不需要正式的管理结构。多数工作在同事压力或人际关系的推动下即可完成。

通过把工作分给各个小团队，可以培养共同的记忆系统。这类系统的基础是了解谁最适合去记住各种不同的事情。戈尔有套高效的、制度化的交互记忆系统。在这一记忆系统中，人们各自记住与他们的技能和爱好相关的事实，其他人则相信这些人已经掌握了其所属专业领域的知识。因为彼此熟知对方的技能，久之便形成一个非常好的系统。在这个系统中，大家各自负责掌握好自己的专业知识。最后的结果是，整个组织变得非常聪明，因为员工能专工所长，而不是什么都懂一点。这套制度化的记忆也让戈尔能快速创新，从而满足挑剔的顾客不断改变的需求。

这意味着公司的协作更顺畅，行动更迅速，或者能够更快地组建工作团队解决问题。这意味着，公司一个部门的员工能够了解另一个完全不同的部门里同事的想法和经验。总之，戈尔创造的是一个有条理的机制，该机制使得公司里四处传播的新观念和新资讯更加容易引爆——即新观念和新资讯从个人或局部一下子传播到整个群体。这就是坚守150法则的好处。你可以充分利用交互记忆系统和同事压力。如果戈尔与每位员工单独联系，任务就难多了。如果戈尔把所有人放进一个大房间,也是行不通的。要想员工团结协作,要想把某个特定的公司理念传达给所有员工,戈尔必须把自己拆解成半自主的小单位。这就是流行的矛盾之处:为了创造一个有感染性的运动,你往往必须先创造许多小运动。

关键思维

多年来,军事谋略家得到了一条经验法则:有效的战斗单位的规模基本不会超过200人。我认为这不仅关乎后方将领如何调度和协调的问题。尽管第一次世界大战后通讯技术取得了各种进展,但连队依旧固守这个规模。经过数百年的反复试验,谋略家似乎已经发现,当人数超过200时,战友之间便很难充分认识,从而阻碍他们通力协作,组成有战斗力的部队。

——罗宾·邓巴,人类学家

将人数维持在150以下似乎就是管理群体的

最佳和最有效的方式。当人数超出 150 时，大家就变得彼此陌生。在较小的群体，人与人亲近多了，彼此紧密联结。如果你想让群居生活高效而成功，这一点非常重要。人如果太多，彼此便没有足够的相同工作。没有足够共通的事，接着大家就开始变得陌生，亲密的伙伴关系变得疏远。当人数达到 150 人时，群体开始自己形成小团体。大的群体会分化成两个或三个小团体。你要用心防止出现这种情况，而当这种事真的发生时，就是建立分支的好时机。

——比尔·格罗斯

你一旦了解了情境的重要性，了解了环境中某些特定的小事情可以成为引爆点，便会摈弃失败主义的论调。"环境引爆点"指我们可以改变的事情：我们可以修好破窗、清除涂鸦，从而扫除怂恿犯罪的讯号。

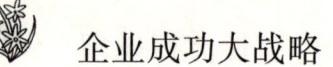

流行法则引导下的世界跟我们自认为所生活的世界很不一样。例如想想下面的谜题：你手里有一大张纸，请你对折一次，把折好的纸再对折一次，依次重复，直到把这张纸对折了50次。你认为它最后有多高？回答这个问题时，多数人猜纸会像电话簿这么厚，或者胆大的人猜纸会像冰箱一样高。但真正的答案是，它的高度接近我们到太阳的距离。这是数学中称为几何级数的一个例子。传染病也呈几何级数增长：当病毒在人群中蔓延时，受传染人数一直成倍增长，直到不可限量，就像一张纸经过50次对折，厚到足以抵达太阳。身为人类，我们难以接受这种增长，因为结果看起来跟原因远远不成比例。我们必须明白，有时候巨变来自一些小事，且可能发生得很快。

引爆点的世界既难解又善变，但也充满了希望。只要巧妙控制群体人数，我们就能大幅提高

引爆流行风潮

群体对新观念的接受程度。小小地修改资讯的呈现方式，我们就能显著提高其黏着力。仅仅通过寻找和联系少数几位拥有强大社交能力的特殊人士，我们就能改变社会流行的进程。最后，引爆点理论证实了变革的潜力，肯定了智力活动的力量。看看你周遭的世界，似乎是固定不变的，但事实并非如此。只要在正确的地方轻轻一推，事情就会发生巨变。

助人为成交之本

Never Be Closing

How to Sell Better Without Screwing Your
Clients, Your Colleagues, or Yourself

原著作者简介

　　提姆·赫森（Tim Hurcon），思考X次方智慧资本公司创办人，公司业务是策略指导和咨询。曾于Manifest通讯公司担任了15年的总裁和创意总监。他也是几家非营利组织的创始董事，包括Mindcamp训练营和无限引导者协会。他是TEDx大会的演讲者，也是一位经验丰富的专题演讲师。毕业于欧柏林学院。

　　提姆·杜恩（Tim Dunne），在企业销售、财务、训练和领导方面具有超过20年的经验，兼任专业训练师及培训师。曾为卡地亚、德意志银行、Bic原子笔公司及世界银行扶贫协商小组等提供咨询服务。同时也是从事创意促进业务的Instant Brainstorm公司的创办人，以及New & Improved管理顾问公司的合伙人，毕业于罗彻斯特大学。

　　本文编译：黄玩

主要内容

主题看板	成交不是终点，销售没有止境 / 55
轻松读大师	引言 / 59
	一　取得信任是前提 / 62
	二　解决问题、辨认机会是关键 / 74
	三　总有用处才长久 / 94

主题看板

成交不是终点，销售没有止境

传统销售讲求的是"不断追求成交"，提姆·赫森和提姆·杜恩却主张"绝不追求成交"。他们认为销售不是一种说服的艺术，而是协助人们发现问题、解决问题的过程。因此成交不是终点，而是不断重复发生的美好关系。

每个人都知道，销售的绩效就是看你的成交量。扪心自问，你是否曾经把追求成交放在客户利益之前？如果你花更多时间去帮助人们解决问题而不仅仅是追求成交，会发生怎样的情况呢？现在告诉你，只要你对客户"总是具有用处"便能带来更多业务，你相信吗？

赫森和杜恩拥有数十年全球性组织销售、咨商及管理的经验。书中也提出了许多销售技巧和方法，但与传统销售最大的不同是：他们主张"绝不追求成交"，而是把客户需求放在第一位。因为销售的明确目的是帮助客户，整本书其实是一本协助你发掘客户需求、提供解决方案及价值的工具指南。

销售不只是为了谈成一笔生意

人们不会跟不明底细的陌生人买东西。但是除非你只跟左邻右舍做生意，否则对于你想拓展的市场来说，你一开始一定是个陌生人。换句话说，你得先突破陌生人的处境，为自己建立信赖感，然后才可能成为人们愿意交易的对象。

然而你要如何不断在面临新环境、接触新用户时，证明自己的产品好、服务佳并值得信赖呢？许多销售员虽然也学到一些技巧，了解到客户的一些想法，但结果却并不如意乐观。作者认为更好的方式就是别再当陌生人——这也是谈成一笔生意和建立一段关系的根本差别。

助人为成交之本

当你以帮助用户作为出发点，你不会在会谈过程中充满权谋算计，也不会因为一次生意没做成，便撇过头去从此形同陌路。因为你真心希望自己有助于人，因此通过销售建立的是一种超越成交的长远关系。我们常说的"买卖不成仁义在"，或许也隐含着这样的销售智慧。

销售的本质就是提供帮助

把心态从"不断追求成交"转变成"总是具有用处"，说起来容易，做起来却是不小的挑战，人们不免会在追求速效和长效之间挣扎。但是回到销售的本质上思考，答案不言自明。"有用"是因，"成交"是果。倒果为因当然得不偿失。

如果你确实认同赫森和杜恩的理念，那么书中提供的方法和技巧便可以用来增进你的销售结果，其中包括如何取得信任、建立你的权威感，提出关键问题，揭露客户面临的问题、挑战及目标。更特别的是，你还可以学会运用两千多年前亚里士多德提出的古典三幕式结构来安排你的销售会议，探究客户的难题，激励他们采取你提供的解决方案。

这套销售术不是只想从客户口袋里掏钱，而是一套企图发现及解决问题的缜密策略。但方法再好都是死的，唯有你的创意及心思能建立和维持良好的销售关系。现在就开始认真思考你要如何对客户"总是具有用处"吧。

轻松读大师

引言

今日有一种更加有效的方式是"绝不追求成交"。不用再去记住那些成交试探动作，你的目标要改为"总是具有用处"。如果你花更多的时间协助人们解决他们的问题并掌握机会，你就会发现即使不使用强迫威胁的战术、强力成交法或其他技巧，销售也会自然完成。

传统的销售第一守则是"一直追求成交"，也就是一直进行成交试探动作以了解潜在顾客的热度，并厘清自己距离让他们在合约上签名还有多远。销售人员过去常常要记住各种各样的制式话术，想借此完成买卖。他们必须一直不断地尝试，直到找到有用的方式为止。

高成效销售术就是在销售会议的前、中、后做一些符合下述指导原则的事情。

高成效 → 销售术
- ✓ 要取得信任
- ✓ 解决问题
- ✓ 辨认机会
- ✓ 总是具有用处

关键思维

我们的前提是销售不是一种说服的艺术。最佳的销售,应该从你对合作对象的真正关心以及让自己有助于人的诚挚愿望当中自然产生。高成效销售术的本质就是协助人们解决问题。

——提姆·赫森　提姆·杜恩

助人为成交之本

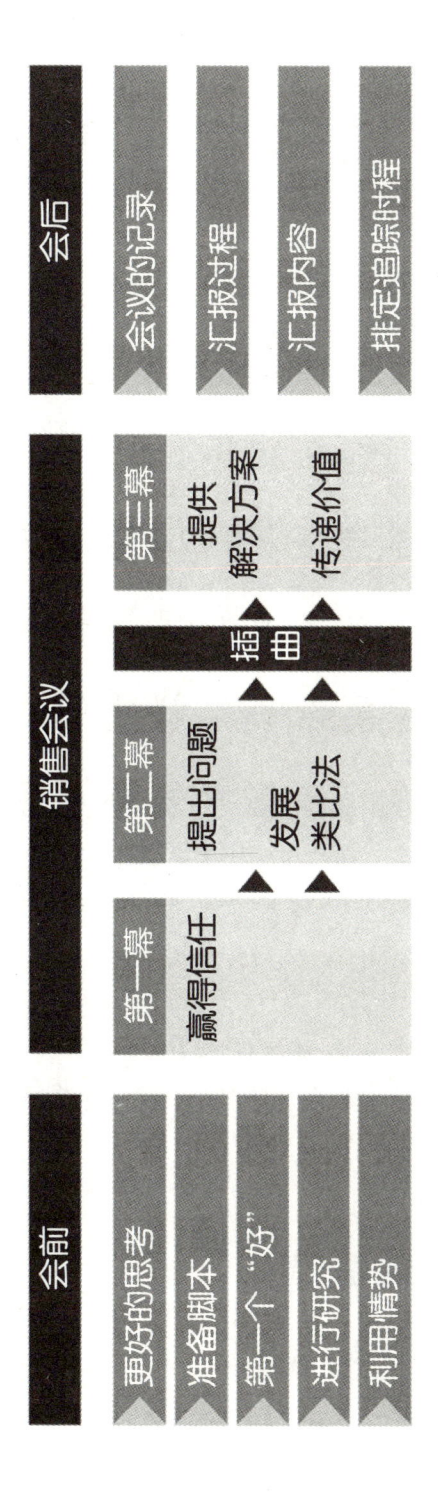

会前
- 更好的思考
- 准备脚本
- 第一个"好"
- 进行研究
- 利用情势

销售会议

第一幕 赢得信任

第二幕 提出问题 / 发展类比法

插曲

第三幕 提供解决方案 / 传递价值

会后
- 会议的记录
- 汇报过程
- 汇报内容
- 排定追踪时程

一 取得信任是前提

在你开始正式销售会议之前，高成效销售术就已经开始了。你必须做好所有的准备工作，才能让自己成为客户信赖的问题解决专家。换句话说，你在销售会议之前的目标就是让客户对你不再感到陌生。你要设法了解他们，并引导他们来了解你，这样你的销售才能够更顺利。人们不会向陌生人买东西，你在这个阶段的目标就是摆脱陌生人的身份。

在你尝试向潜在顾客进行销售前引导他们了解你，你能做并且应该做的事情有：

1. 高成效思考模式

销售的关键之一是：对于潜在顾客每天面临

的问题和挑战，要有更好的思考方法。好的思考模式就是采用高成效思考架构，它包含6项处理步骤：

（1）询问情况

你要严谨探究当前的情势，不要不做任何分析就假设自己知道所有的状况。要想提出可行的构想及解决方案，第一步就是辨认潜在顾客需要解决的具体问题和挑战。你必须警惕盲目采用与他人雷同的模式，而应深入研究并了解当前真正问题的具体内容。

（2）定义成功

辨认出清楚且可测量的指标，用它们量化自己解决方案的效益。你定义成功的方式或许和潜在顾客采取的方式完全不同，因此厘清他们用来决定成功或失败的指标就变得十分重要。一旦知道自己在追求什么，你就可以开创自己想达成的、具有威力和激励效果的理想。

（3）查明真正的问题

你要尝试辨认那个必须回答的根本问题。通常都存在一个"催化性问题"（catalyst question），它会引起连锁反应来引导你找到理想的解决方法。你必须加以厘清并仔细阐述。

（4）列出所有可能的解决方案

一开始先列出一份所有可能解决方案的清单。你在这个阶段提出的构想或许不切实际，但是你必须开拓思路，尽力寻找各种解决方案。

（5）打造最佳方案

你要分析辨认然后提炼出最健全、最可行的解决方案。

（6）搜集资源

接下来要辨认并开始搜集实现解决方案所需的资源。这是制订你的行动计划然后予以执行的过程。

高成效思考模式可以协助你实现更多销售。

它是一种以创意思考来解决问题的结构化方法，也是产生真正创新且大有可为的构想的绝佳方式。对于建立意料之外的关系以及用新观点看出问题所在，它也是一种绝佳的方式。

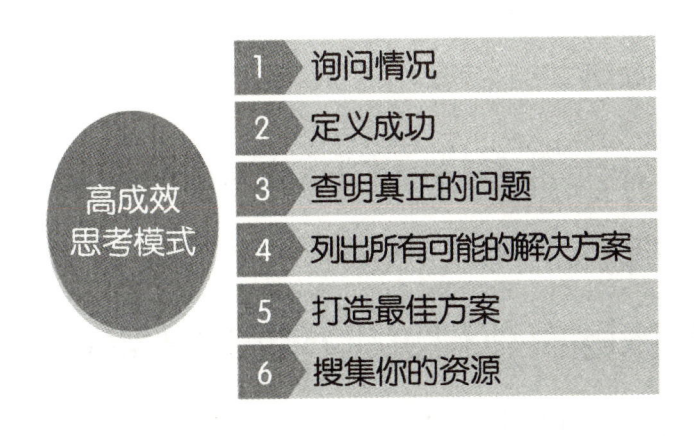

高成效思考模式
1 询问情况
2 定义成功
3 查明真正的问题
4 列出所有可能的解决方案
5 打造最佳方案
6 搜集你的资源

2. 准备脚本

向人销售产品的第一项挑战是让他同意和你接触。对于潜在顾客而言，你能够辨认愈多的共同利益和关系，你就愈不像陌生人。高成效销售术的一个不可或缺的部分，就是辨认并营造你和潜在顾客之间既有的共同关系。

有一种绝佳方法可以营造你们的共同利益，

即发展一连串的短篇脚本,如简洁的电梯简报,它们会协助你营造任何可能存在的共同利益。脚本协助你以专业的态度指出有用事物,从而建立信任。

要决定自己该准备什么样的脚本,可以考虑下面两个问题:

◎什么会引起潜在顾客足够的兴趣而愿意继续和我谈话?

◎我能够向他们提供什么样的资讯片段以吸引他们花时间和我谈话?

短篇脚本可以涵盖很多主题。你可以谈论突显自己独特性的经验,也可以谈论时事,还可以谈论未来发展的趋势,等等。将那些能够强化信任的主题集中起来,整理成一套简洁的脚本。

要让脚本发挥最大效果,你应该:

◎聚焦——一份脚本只说明一个关键重点。

◎说一个小故事——但要跟人有关。

◎要切题——你甚至可以为特定客户发展定制的脚本。

◎总是用开放性问题做结尾——这样你的脚本才能促成进一步的讨论。

◎保持简短——60秒或更短。

3. 第一个"好"

你在销售会议之前所做的一切,根本目标都是让潜在顾客同意和你碰面。你尝试从陌生人变成熟人,你尝试让他们说"好",愿意和你碰面。你的所作所为都不能显得莽撞、不体贴或令人讨厌。

关键思维

意料之外的关系比明显可见的关系具有更大的威力。

——赫拉克利特,希腊哲学家

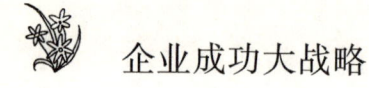

潜在顾客通常来自于至少3个不同的方面：

从哪里取得优良潜在顾客以进行销售	1 既有客户
	2 个人推荐
	3 你的业务雷达

（1）让满意的客户把你介绍给其他可能因你产品而受益的人，这是找到新的潜在顾客的最有效方法。这种方式能够立即建立信任。

（2）潜在顾客的下一个来源，是你通过探索自己的网络以及开发自己其他领域的人脉等方式而产生。

（3）你还可以在做其他事情的时候，保持灵敏的耳目以找出意料之外的关系，进而得到潜在顾客。

当你追踪潜在顾客并请求他们和你碰面时，要确保自己有一些有用的内容可说。请求会面的流程有5个步骤：

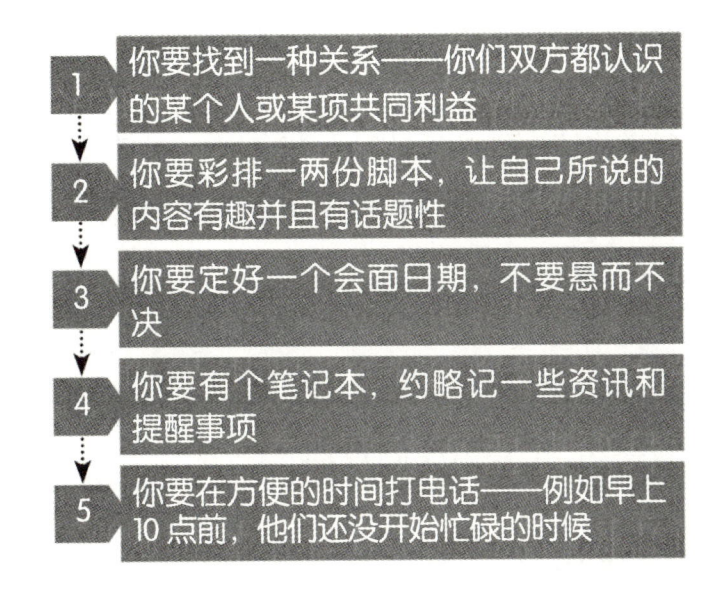

1	你要找到一种关系——你们双方都认识的某个人或某项共同利益
2	你要彩排一两份脚本，让自己所说的内容有趣并且有话题性
3	你要定好一个会面日期，不要悬而不决
4	你要有个笔记本，约略记一些资讯和提醒事项
5	你要在方便的时间打电话——例如早上10点前，他们还没开始忙碌的时候

4. 进行研究

一旦某人同意和你碰面，你就要开始深入研究，以了解如何让第一次会面对潜在顾客产生效益。此时的目标是，你要在和潜在顾客碰面之前，尽可能多地搜集他们的相关资料，如此你才能够显得可信及有用。

一开始可以看看网络上有些什么可用：

◎用搜索引擎搜寻他们的姓名和公司。

◎查看他们在社交网站上的贴文。

◎到职场社交平台上寻找他们。

◎访问他们的网站并阅读那里的所有资料。

◎寻找他们是否拥有你可以浏览的博客。

◎如果他们拥有上市公司,就买一些公司的股票。

◎和你的朋友或熟人讨论。

◎利用你的网络收集信息。

基本思路是,你应该整理一份关于他们自己、所在公司以及所属产业的简介。一旦完成这件事,你就会了解自己还必须知道什么才能够和他们进行一场有成效的会谈。

为了组织你的研究,拿一张纸来依下列格式分成两栏:

我已知道的事	我想知道的事
·	·
·	·
·	·

在左边栏位，你要列出关于潜在顾客、他们的公司及其所属产业中你已知道的一切事实。在右边栏位，你要记录和他们谈话时能够找出的有用内容。这项练习可以让你得到一些不错的想法，知道有什么有趣的议题可在会面时谈论。

5. 利用情势

你和潜在顾客会面之前必须做的最后一件事，是妥善进行"行前检查"（BAR, Before Action Review）。行前检查的目的是确定具体的成功指标——你想通过和潜在顾客的碰面达成什么。

为了整理自己的思绪，你要在纸上写下DRIVE 5大要项。它们是健全的行前检查必须涵盖的项目：（图见下页）

D（Desired outcomes）：预定的成果——你希望这次会面为你和你的潜在顾客达成什么？

R（Risks）：风险——这次会面有哪些潜在结果是你特别想避免的？

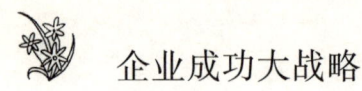

I（Investment）：投资——在投资变得不划算之前，你准备对这次销售行动投入多少资源？

V（Vision & Values）：理想及价值——你能在多大程度上准确地把自己的理想和价值传达给潜在顾客？

E（Essential outcomes）：根本的结果——你希望产生什么样关键且可测量的结果？

D	预定的成果
R	风险
I	投资
V	理想及价值
E	根本的成果

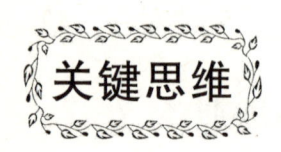

关键思维

每一个组织及其当中的每一个人，都有故事。你和他们建立关系的关键便存在于这些故事中。你的研究就是燃料，而你的好奇心就是火柴。它们一起点燃了你的热忱。

——提姆·赫森　提姆·杜恩

DRIVE是一种好记且容易使用的工具，可以迅速让你实实在在地感受到成功的行动看起来和感觉起来应该有的样子。DRIVE是一种强大的工具，让你能够建立几乎任何活动都适用的成功标准，而且它对于销售会议的行前检查特别有用。

——提姆·赫森　提姆·杜恩

二　解决问题、辨认机会是关键

销售会议是高成效销售术的最重要核心。销售会议理应遵循古典三幕式结构。

三幕式结构于公元前335年由亚里士多德提出，为当前每一部精彩的好莱坞电影所采用。

◎第一幕

你介绍主要角色、谈论他们所处的环境并提出一个转折点。

◎第二幕

这些角色面临着"不成功，就失败"的真正危机。这是第二个主要情节重点。

◎第三幕

危机得到解决，所有人从此过上幸福快乐的

生活，人生更加美好。

你还可以选择在第二幕和第三幕之间加入一段插曲，借机让大家喘口气并思考发生了什么事。

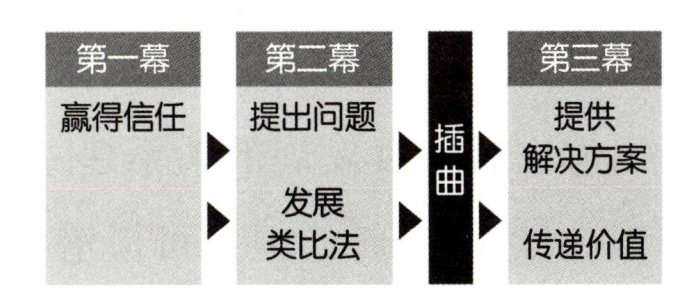

第一幕：赢得信任 → 第二幕：提出问题 / 发展类比法 → 插曲 → 第三幕：提供解决方案 / 传递价值

这也成为架构销售会谈的最完美方式。

◎第一幕（10~15分钟）：

你必须赢得信任，才能够向潜在顾客提出一些问题，以深入了解他们所面临的难题。

◎第二幕（30分钟）：

你要深入探究潜在顾客的需求，以厘清有哪些议题和挑战必须解决。你要做好准备，以提出自己那个"催化性问题"，它将清除所有迷雾，并激励潜在顾客按照你的解决方案采取行动。

◎插曲：

此时可选择休息 10~15 分钟，让潜在顾客消化你所说的事。

◎第三幕（15 分钟）：

最后，你提出的卓越见解和资源证明了自己的用处，也为往后持续发展的关系建立了基础。此阶段一般持续 15 分钟，但是可应潜在顾客的要求而延长。

1. 赢得信任

当你参与一场销售会议时，通常会在接待室待一段时间，等候会议开始。一般销售人员把它当成休息时间，但是在高成效销售术中，你应该利用这段时间开始收集关于你正在拜访的这家公司和你即将会面的对象的线索。换句话说，你要成为"接待室绝地武士"（Waiting Room Jedi）。

通过闲聊，充分利用你向接待人员进行自我

介绍的机会。运用自己的好奇心，让他们提供一些有用的资讯。根据他们展示出来的事物调整自身，并看看你能够辨认哪些共同的关系。如果你能找到你们共同的兴趣爱好、双方都认识的人或是你们都曾经到过的地方，你就会得到一些可以在会议开始时运用的材料。

互动初期的关键是厘清你在销售会议上的交手对象属于哪一类型的人。其实一共只有6种类型：

◎会受到来龙去脉激励的人——这种人想要先完全了解情况再投入。他们希望缓慢前进。

◎会受到成果激励的人——他们聚焦于事实和数据，并且重视率直和效率。

◎会受到概念激励的人——他们喜欢抽象思考以及随着新概念和可能性而产生的骚动。

◎会受到过程激励的人——他们想了解建议的解决方案如何运作以及如何整合他们目前的

流程。

◎会受到行动激励的人——他们想看到事物立刻进行。

◎会受到人们激励的人——他们想知道其他人会受到什么样的影响。

如果能早点看出你的碰面对象属于这6种思考风格中的哪一种,你就能够在简报中强调最能够吸引他们的部分。

关键思维

我有次参加比利·怀尔德的大师讲堂,他说你可以在故事的第一幕把主角放在树上,第二幕放火烧树,然后第三幕把他救下来。

——加里·库尔茨,《星际大战》制片人

在你建立起足够的信任之前,你的客户是无法自在回答你在第二幕所提问题的。关键在于掌握自己什么时候能够得到信任,这样你才能前进到下一个阶段。

——提姆·赫森 提姆·杜恩

记住，第一幕整个重点是跨越信任的门槛，以赢得提出一些深入问题的权利。潜在顾客则相反，他们试图判定你资格不符，没必要跟你谈。他们不想浪费时间。

至少有8种方法可以让你赢得所需的信任：

如何跨越信任门槛

1. 强力推荐
2. 个人关系
3. 业务关系
4. 脚本
5. 你的专业性
6. 行业经验
7. 你的声誉
8. 你假设已有信任

◎有既有客户强力推荐你。

◎你可以与顾客建立私人关系，因而使他们愿意回答你的问题。

◎你认识所属行业的意见领袖，或者曾和他们合作过。跟杰出人士扯上关系就可以让其他人对你建立信任。

◎用你的脚本总结你是谁、你的公司在做什么以及你为什么在这里。

◎你可以清楚表示自己有一份计划，能给客户提供帮助，并请求他们允许你执行方案。

◎如果你对当前的产业趋势具有卓越的见解，你就会拥有信任。专业知识是一个强有力的区别因素。

◎你善于助人的声誉可能比你本人还重要，它可以向顾客提供向前迈进所需的信任。

◎通过提出适当问题并带着自信前进，你就能建立信任。通过大胆且自信的行为，你甚至可能在很少或完全没有任何质疑下就直接进入第二幕。

不论你用什么方式赢得信任，你都要做笔记，这一点很重要。在工作过程中做记录，不仅会强迫你注意事物，还能够帮助你在之后回顾哪些做得对或不对。

"四栏笔记法"是做笔记的好方法。把你的页面分成 4 部分：

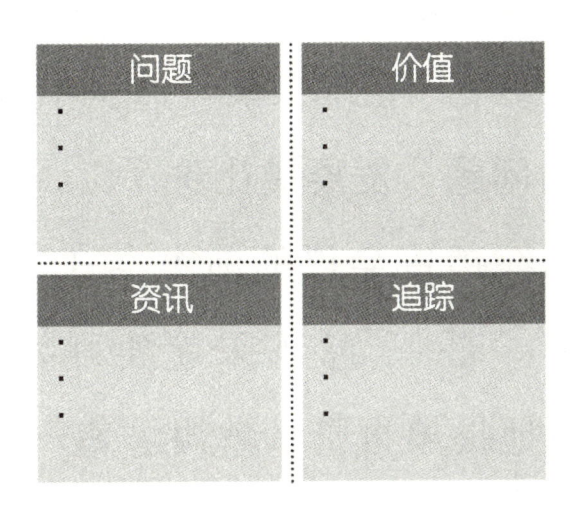

问题	价值
·	·
·	·
·	·
资讯	追踪
·	·
·	·
·	·

◎ 在左上角写下你想问的问题。它构成你的销售会议的议程基础。

◎ 在右上角写下你希望用什么方式将价值传递给客户。它可在会议结束时使用，用来促

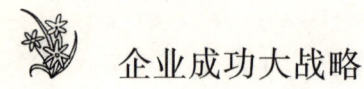

成进一步发展的议程。

◎在左下角写下你对潜在顾客的兴趣、议题和需求的观察所得。

◎在右下角你要编辑一份各种机会的检查表，以便会议后进行客户追踪。

利用四栏笔记法整理自己的笔记，就能够用最少的条目来记录最多的资讯。你的笔记整理方式，必须有助于你在未来能快速从中抽取资讯。

2. 提出问题，发展类比法

一旦你在销售会议的前 10～15 分钟建立起了信任（第一幕），接下来就要开始提出问题，而不是简单地提出自己的解决方案。这种方式会让你显得深谋远虑而不是莽撞。

第二幕有 3 件好工具可用：

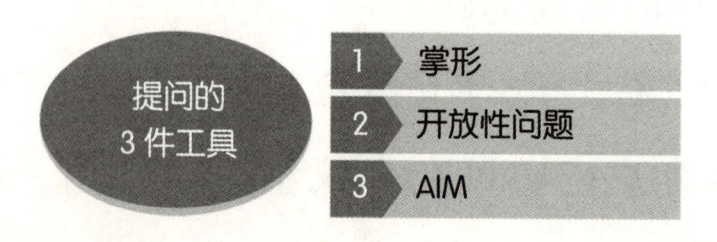

提问的 3 件工具
1 掌形
2 开放性问题
3 AIM

（1）掌形

想象自己的左手，把4根手指想成4个I，然后拇指和食指夹成V的形状。它是一个用来提问以帮助你了解更多的好范本，还可以提醒你提出下列问题：

◎ Itch（痒处）——是什么问题困扰着你？

◎ Impact（影响）——它为什么算是一个问题？

◎ Information（信息）——根本的原因是什么？

◎ Involved（相关人士）——还有什么其他人会因为解决方案而受益？

◎ Values（价值）——这件事如何关系到你的价值？

（2）开放性问题

避免做出确定的结论，而应该提出开放性问题。这些问题不能用单纯的是或否加以回答。如

"我们如何能……"之类的问题。

（3）AIM

这是 Advantages（效益）、Impediments（障碍）和 Maybes（可能性）3 个词的首字母缩写。对于你发现的每一个痒处，都要提出 3 个简单的问题：

◎解决这个议题会产生哪些效益？

◎做这件事会面临哪些障碍？

◎解决这件事还可能产生其他什么结果？

这 3 个问题的提出全都是为了归纳出那个会对你的潜在顾客会产生巨大影响的"催化性问题"。催化性问题会直指问题的核心，排除所有次要议题，并且帮助你找到有趣的解决方案。正确的催化性问题还能够激起顾客采取果断行动的意愿。

练习使用持续开放性问题进行讨论的策略，抑制当你一想到"好"主意就脱口而出的本能。要倾听问题，用自己的好奇心从客户的观点来了解问题，在你的四栏笔记中写下自己的想法，然后前进到下一个问题。

一个或多个催化性问题

要将潜在顾客的核心问题浓缩为一个或两个催化性问题，使用类比法通常会有帮助。类比法是生动且快速表达复杂概念的一种非常有效的方法。人们以类比法进行思考，因此理解这些类比完全没问题。

类比法可以有各种不同来源，包括你的个人经验和潜在顾客的经验：

◎ "你知道，你公司就像是一个家庭。"

◎ "这就像那些发生在科技界的事。"

◎ "这让我想起驾驶一艘船需要些什么。"

第二幕的整个重点是提出问题，而且不能过早提出想法或尝试进行销售。你要一直问问题，直到命中事情的核心为止。你要辨认那类催化性问题，一旦它们得到回答就会开启利益的连锁反应。你要让它们协助找出那些如果解决就很有帮助的问题，然后通过有效类比法的运用，用全新的眼光看待这项议题。

3. 插曲

虽然听起来可能有点反常，但是在销售会议的第二幕和第三幕之间设定短暂休息，通常都会有帮助。你可以借机酝酿想法，并且让你的潜在顾客在进入销售会议第三幕之前，稍微思考一下。

在会议中请求短暂休息的方式有好几种：

◎询问能否参观一下潜在顾客的工作场所或设施。除了能更加了解他们之外，或许你还会幸运地碰到公司内其他喜欢和你合作的人。

◎你可以去洗手间。

◎你可以说一段个人的类比法，它和业务完全无关，让每一个人进入不同的思绪。当对话的语气和强度彻底改变时，你们就可以生机勃勃地进入第三幕了。

关键思维

一个问题经过妥善描述后就等于解决了一半。

——查尔斯·凯特灵，通用汽车研发主管

不论是故事还是销售，其中的每一位角色都具有独特的兴趣、性格、愿望和顾虑。你愈了解故事里的角色，你就愈能够了解故事本身。同样的，如果你愈了解销售会议的参与成员，你的成效就会愈好。

——提姆·赫森　提姆·杜恩

中场休息的整个重点是，营造让创意想法

得以酝酿和成形的环境。只是让大家站起来走几分钟的单纯动作，就会产生神奇的效果。一次短暂休息不仅能帮助大家产生新想法，还能制造机会来进一步了解彼此。这对于后续的进展是有帮助的。

4. 提供解决方案，传递价值

你在第二幕大部分都是处于提问模式。你要在第三幕变身为顾问并提供具体的想法和建议。此时你必须向他们说明你如何协助他们解决问题，并且能够在增添价值的过程中，推动他们向前迈进。这里的关键就是要有用处。

实际操作中，你应该通过 USE 方法来给你的潜在顾客传递价值，然后再做出承诺。USE 是以下用语的缩写：

◎ U（Understanding）了解：

你必须重申你在销售会议过程中发现的催化性问题。你要证明你确实了解议题的关键。

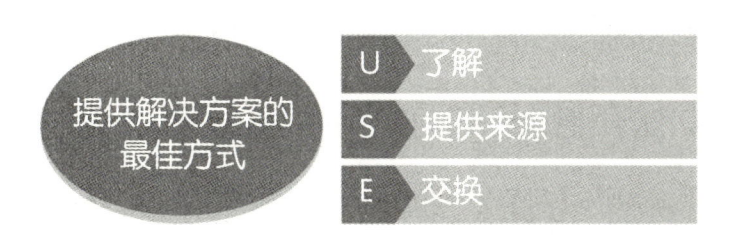

```
提供解决方案的        U  了解
   最佳方式          S  提供来源
                    E  交换
```

◎ S（Sourcing）提供来源：

你要提出能够协助顾客前进的第三方商品或服务。你应该建议他们联结到你的网络以取得各项可用资源。

◎ E（Exchanging）交换：

你还要详细说明你的产品、服务或构想如何满足他们的需求。你可以在这里为自己的公司创造营收并获得部分的附加价值。你要说明自己的产品或服务将如何：

◎减轻他们的烦恼或问题。

◎传递经济利益。

◎降低成本或提高营收。

◎处理他们关切的问题。

◎让他们与产业趋势看齐。

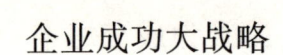

注意，第三幕不属于典型的"处理异议"练习。如果潜在顾客对你的构想不感兴趣，你就要前进到下一个方案。你是尝试提供选项让他们考虑，而非卖给他们某个特定产品。你在这里的目标就是"要有用处"。

关键思维

在会议结尾传递价值比在开场传递更具有威力。如果至此你已妥当做好自己的工作，当你转换到第三幕时，你就准备好可以传递价值了。在会议结尾，你已经拥有大量的资料，可以把你的知识、产品和资源网络与客户的情境和议题联结起来。这就是你能够具有最多用处的时候。

——提姆·赫森 提姆·杜恩

传递价值就是你让自己被记住的方法。

——提姆·赫森 提姆·杜恩

你承诺将采取什么行动来追踪你们所讨论的事项，从而结束第三幕和整场销售会议。这些承诺会推动你们的关系进一步发展，而且当潜在顾客决定向前推进时，还能够说明你计划如何将价值传递给他们。

你对每一位顾客的承诺都必须具体，可以采用以下说话术：

◎我一回到办公室，就会用电子邮件把×××的联络资料发给你，对于这件事他可以协助你。

◎我会把我们谈到的网站链接发给你。

◎这是我在之后两周会进行的5件事。

◎我会把这些协议做个别调整，然后早上拿给你。

◎来看看我们的认识是否一致。你会……，我们会……，对吗？

注意在第三幕不要使用强力成交技巧或多份

脚本。

如果你真想成为优秀的成交高手,就要专注地成为喜好探究的提问者、有创意的问题解决专家以及具有职业精神,能彻底实践自己承诺的人。如果你把这些工作做好,你的潜在顾客就会提出购买需求。

在销售会议的结尾要保持完全透明。你最可能采用的结尾是:

◎你想前进到下一个步骤吗?

◎我应该草拟合同吗?

◎在你决定之前,你还需要其他资讯吗?

◎我们应该开始协助你解决这些问题吗?

关键思维

一次会议并非必然会产生承诺。双方关系建立在做出承诺并予以坚守的基础上。我们关于承诺的基本原则很简单:你不只是许下诺言,还要言行如一。一旦你的客户明白了这一点，他们就会知道自己可以依靠你。

——提姆·赫森　提姆·杜恩

我们的经验显示，一旦你让客户投入他的理想，并重复声明你如何能协助他完成，销售自然就会水到渠成。就算没有成交，至少你也会赢得在下次打电话时受到欢迎的特权。

——提姆·赫森　提姆·杜恩

你的销售会谈的战略性目标是向你的客户展现价值，向他们显示你能够协助他们解决问题，或是以某种方式推动他们前进。你选择在什么时候传递价值，几乎和你所传递的东西一样重要。所以要等待，一直等待到第三幕。

——提姆·赫森　提姆·杜恩

三　总有用处才长久

正式销售会议结束后，高成效销售术仍然会持续相当长的一段时间。你必须根据整个销售过程的进行状况，寻找可以学习的教训。这样做会让你在未来变得更有效率。接着你开始建立自己和新客户之间的关系，传递你所承诺的价值。你应当和他们建立长期的关系，并且要妥善服务他们。

1. 会议的记录

在用清楚易读的格式写下你的会议记录前，你的销售会议并未真正结束。在销售会议中，你已经用四栏笔记法整理了自己的想法并提醒自己一些关键重点。现在你必须把这些重点整理为更详细的会议记录。这是每场销售会议不可或缺的一部分。

趁头脑中这些内容仍清晰时把一切都写下来：

◎你的客户面临的业务挑战。

◎你提出的催化性问题。

◎你使用的类比法。

◎你所做的承诺。

◎你认为对他们有帮助的第三方产品或服务。

◎你认为自己人脉网络中对他们有帮助的人。

◎必须进行的追踪。

你不能只依赖自己在会议中做的四栏笔记，因为随着时间流逝，它们会看起来像是胡言乱语。你必须把一切转换成清楚易读的句子并记录讨论过的内容。好处是你在这么做的同时，额外的想法会冒出来。只要加上一点运气，整理会议记录就可能开启传递更多价值的全新想法。

2. 汇报过程

一旦你写下自己的记录，汇报销售过程的时

间就到了——你是如何管理销售会谈的。你要尝试辨别哪些做得很好、哪些可以改善以及在未来的程序中应该再加入些什么。

过程汇报要简单扼要,方法是思考以下问题:

(1) 这里发生了什么事?

如果你详细查看销售过程并辨认各种不同的影响因素,可能会有帮助。

(2) 那么它的意义到底是什么呢?

具体来说,你必须强调并提炼出:

◎你的销售会议的所有正面成分。

◎出现的任何异议或问题。

◎你可能想增加的强化措施。

◎对于显著问题的补救。

◎你还应该提出其他什么内容?

(3) 哪些是我们在未来应该要做得更好的?

你还应该厘清:

◎什么是我们必须停止进行的?

◎什么是我们开始做就会产生益处的？

◎哪些是我们必须改善的？

过程汇报的整个重点是让学习循环开始运作。汇报很花时间，但是长期下来你会因为这些汇报而变得愈来愈会销售。

如果你擅长用汇报牢记自己必须学习的事物，你就会发现自己也可以从其他人的销售经验提取出有用的想法。不论何时何地，只要有人告诉你一个有趣的销售故事，你就对它进行汇报分析，看看你能够提取出什么样的卓越见解。

3. 汇报内容

在进行过程汇报的同时，你还应该汇报自己销售会议的内容。在这里你要寻找的是，可以重新包装然后在未来发挥作用的珍宝。你需要注意自己拥有什么，这样你才能重新利用它。

有效的内容汇报必须是简单的：

◎抽出大约一小时的时间，邀请促进你成功

的每一个人前来参加。

◎设置一块白板,要求大家在纸上写下他们的观点和想法。接着你就绕行整个房间,要求每个人说明他的观点并且把纸贴到白板上。

◎当你取得愈来愈多的想法,你就可以开始将它们按主题分类。此时把四栏笔记画在白板上,再将这些想法归类到四个区块,可能会有帮助。(图见下页)

请务必设计一份行动计划,使自己将来能够向客户追踪这些想法。

4. 排定追踪时程

对于自己销售过程的最终结果,你应该总是把它看成不只是一次销售,还是一段关系的开始。要做到这一点,你必须订出你如何持续追踪并与客户保持接触的时程。

这项工作不需太过复杂。你真正必须做的是,订出自己在何时和使用什么方法创造一些

问题	价值
我们还有哪些问题？	我们还有什么其他方法能够增加更多价值？
资讯	追踪
我们还学到了什么？	对于追踪我们还应该做些什么？

接触点的计划。举例来说，你的计划时程可以像这样：

◎当天

发给他们一封致谢的电子邮件，向其询问："在我们的会议中，你曾经提到……我很好奇，想知道你背后的疑虑是什么。"

◎下星期

追踪他们的供应商并寻找任何可能的关系。

◎每月

快速查核，看看事情进展如何。邀请他们在

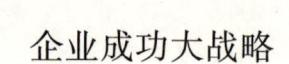

每次路过时都来坐坐。

◎一年两次

送一份符合他们口味的礼物，并加上一张"想念你"的便条。

◎一年一次

让他们知道你会拜访他们并且想请他们共进午餐。

通过创造这些不同的接触点，你就能保持首选对象的地位，你对客户的兴趣也会了解得更透彻。只要你满怀诚意地去做这些事，你的客户与你的关系就会越来越近。

关键思维

通过发展高成效销售的态度并练习其中技巧，你会成为人们想到并推荐的对象。愈擅长高成效销售，你花在销售上的时间就愈少，你投身大家都想做的事，即协助人们解决问题并掌握机会的时间就会愈多。我们愿你得到最大的成功。

——提姆·赫森　提姆·杜恩

战略图

Strategy Maps

Converting Intangible Assets
into Tangible Outcomes

原著作者简介

罗伯特·卡普兰（Robert S. Kaplan），哈佛商学院领导力发展学教授，也是顾问公司"平衡计分卡团队"的主席。卡普兰博士还是企业顾问、公众演说家和研究学者，发表过120篇以上文章或论文，出版过11本书。《战略图》是卡普兰博士和诺顿博士合著的第3本书，两人之前合著了《平衡计分卡》及《战略中心型组织》。

大卫·诺顿（David P. Norton），专业服务与企业顾问公司"平衡计分卡团队"的总裁及共同创办人。诺顿博士是管理顾问、研究学者及演说家，曾服务于顾问公司文艺复兴企业及诺兰与诺顿公司。

本文编译：叶心岚

主要内容

主题看板	别让员工在黑暗中工作 / 107
轻松读大师	一　战略图的基本模板 / 111
	二　管理内部观点的四大主题 / 120
	三　协调与管理无形资产创造的价值 / 129
	四　调和战略图与企业战略 / 138

主题看板

别让员工在黑暗中工作

人们不能管理他们无法评量的东西，也不能评量他们无法描述的东西。战略图解决了这个问题，它以简单的结构来表达战略目标之间的因果关系，并由此转变成评量标准、目标值及平衡计分卡，使组织里每个人对战略有共同的理解，以此达成绩效上的突破。

对于许多企业来说，超过75%的公司市值，是由传统财务和会计尺度根本无法衡量的无形资产所创造的。为了解决这个问题，全球数以千计的企业已经采用了战略管理大师卡普兰和诺顿的"平衡计分卡"，使用（顾客、内部程序以及学习与成长的）非财务评量，来补充（总结先前行动结果的）财务评量的不足，进而取得未来财务绩效的领先指标。

而在各组织发展平衡计分卡的同时，"战略图"也跟着成形。它以因果关系说明组织如何利用有形资产和无形资产来创造价值。原本它只被视为副产品，但经理人发现，这些图表在描述战略以及战略如何联结到目标时非常有用，因而变成和平衡计分卡一样重要的管理工具。

战略图是协调及沟通的工具

换句话说，战略图协助经理人从营运角度说明和管理战略，因为这些图表显示了：

（1）从组织的内部观点、学习与成长观点来看，价值是如何创造出来的。

（2）企业战略的动态变化以及为了创造价值而设计的程序。

（3）如何评量及协同公司的无形资产——人力、资讯及组织资本。

战略图也因此成为组织沟通战略、程序及系统的工具。它可以帮助员工及部门了解自己的战略地位,因而自然有助于实现战略。就像带领士兵上战场的将领一样,经理人必须拟定明确的攻守战略,否则只是且战且走,军心自然涣散。

对于个别目标或资源整合上的歧见,战略图也可以担任化解冲突的角色。因为资源分配调度必然因个别立场而异,战略图迫使组织尤其是领导者在目标值和预算发生矛盾时做出关键决断。经理人也可以通过战略图发现战略失败的原因,从而进一步做出重要的管理决策。

战略图是实现卓越绩效的蓝图

战略是确保组织不断创造价值的方法,在缺乏战略图的情况下进行管理,就像在黑暗中工作一样,而且你的组织愈大,员工的脚步就愈凌乱。或者至少可以说,了解本身战略图的组织,比起经常采用碰运气方法的组织,会拥有更持久的竞争优势。

以有形的方式表达战略，既容易沟通也更具说服力。你可以把战略图贴在会议室墙上，随时讨论并提醒员工当前的目标及任务。员工借此知道自己的工作和组织整体目标之间的关系，促使他们能够以一种协同作战的态度向公司追求的目标前进。

你的组织用什么方法管理及执行战略呢？你选择的战略和期望达成的结果之间是否直接关联？战略图不只可以改善经理人对战略的管理能力，而且最终也将提升战略的执行能力。想要实现卓越绩效，先问问自己有没有这张战略图。

一　战略图的基本模板

各组织希望借助战略创造价值，而战略图则为其制定战略提供了一个有形架构。具体来说，一张好的战略图会将以下项目联结在一起：期望的生产力及成长结果、顾客价值主张、表现出色的内部程序以及无形资产的必要能力。事实上，战略图以直观形式展现组织战略，让经理人能更成功地执行期望的战略。

每个组织都有战略，说明组织计划怎样为顾客、股东和利益相关方创造价值。至今人们已发展出很多方法，来恰当地描述和微调战略以加强价值的创造。平衡计分卡方法指出，一个组织创造价值的能力，将受到4项关键要素或4个观点的驱动：

（1）财务观点

这一点考虑的是：什么样的财务成果对股东来说才算成功。这需要在为了长期增长而投资和为了提高短期绩效而节约成本之间保持平衡。

（2）顾客观点

组织为顾客提供具体的、差异化的价值主张。价值主张包括以下4大项：

◎最低的总体拥有成本；

◎优异的产品或服务；

◎提供完整的顾客解决方案；

◎系统锁定使顾客转换更困难。

（3）内部观点

这一点指的是：准备产品和服务并将其送达顾客的各项内部程序，可归类为4组：

◎营运管理——生产与送货；

◎顾客管理——建立关系；

◎创新——研发下一代产品或服务；

◎法规与社会——遵守法律法规。

（4）学习与成长观点

这一点指的是：改良无形资产（人力、技术、文化）才能在未来创造更多附加价值。无形资产可分为3类：

◎人力资本——你的员工；

◎资讯资本——你知道什么；

◎组织资本——你如何营运。

平衡计分卡方法不只是设定财务目标值，还必须分别在这4个层面上分别树立目标并进行评量。如此一来，你的组织将善用无形资产而得以持续创造价值。

战略图的描绘围绕这4个观点的架构进行。战略图确保组织在这4个观点的战略目标协调一致，且保持内部适当协调。此协调一致还包括组织以最理想的水准营运，不会发生组织内某部门

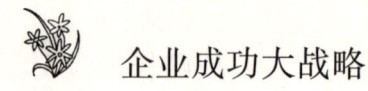

的行动影响另一部门成就的情况。战略图厘清了所有因果关系，所以能发展出有效战略，再使其随着时间而最佳化。战略图是战略和平衡计分卡之间的界面。

使命 愿景 价值 → 组织的战略图 → 目标值 战略目标 评量

从概念层面看，战略图将组织的高级目标（使命、价值与愿景）和每位员工踏实、有意义的工作结合起来。战略图也让每个组织内不同竞争力量之间得以平衡：

（1）是投资会带来长期收入成长的无形资产，还是专注于积极节约成本以提高短期绩效。

（2）如何通过厘清价值战略，让你的组织和竞争对手有所差异——价值战略通常涉及先前提到的4项不同方法：

◎向客户提供最低总成本的产品或服务；

◎产品领导地位——总是提供优异的产品；

◎提出完整的顾客解决方案；

◎锁定顾客，让顾客难以转投其他厂商。

（3）哪些内部程序值得集中力量进行优化，哪些可以外包出去。

（4）如何将资源平衡分配到不同的内部程序，使其在不同时间点带来不同利益。

（5）如何协调组织内的所有活动，确保某部门的努力不对其他部门的劳动成果造成负面影响。

（6）无形资产是未来组织成长的驱动力，如何就其投资做出正确的管理决策。

关键思维

总之，按照组织特定战略量身打造的战略图模板，能够表明无形资产如何改善组织的内部程序，使其最大限度地将价值带给顾客、股东和社区。

——罗伯特·卡普兰　大卫·诺顿

通过全面清楚地描述某组织的策略，策略图赋予管理层更强大的战略执行能力。人们不能管理他们无法评量的东西，也不能评量他们无法描述的东西。战略图解决了这个问题，它针对战略的成果和驱动因素，勾勒出各个目标间的因果联系框架，并在一页纸上清晰地呈现出来。战略图上的战略目标文字说明，又转变成包含评量标准、目标值及方案的平衡计分卡。战略图和平衡计分卡使组织内的每个人得以对战略有共同的理解。战略图使管理程序能够依循清晰明了的策略，从而促进绩效上的突破。

——罗伯特·卡普兰　大卫·诺顿

组织内部同时进行的程序多达数百项，每项程序都以某种方式创造价值。战略之术就是找出对顾客价值主张最重要的少数关键程序，并在这些环节做到最好。所有程序都应该好好管理，但对少数战略程序必须给予特别注意和重视，因为正是这些程序决定了战略的差异性。获选的战略程序，也应该涵盖上述4个群组。每项战略应该辨识出营运管理、顾客管理、创新以及法规与社会方面的一项或多项程序。通过此方法，价值创造程序可在短期与长期之间达到平衡，确保股东价值将随着时间持续成长。少数关键的战略程序，通常以战略主题的形式呈现。战略主题使组织得以凝聚且提供了一个责任制度。战略主题是执行战略的基石。

——罗伯特·卡普兰 大卫·诺顿

企业成功大战略

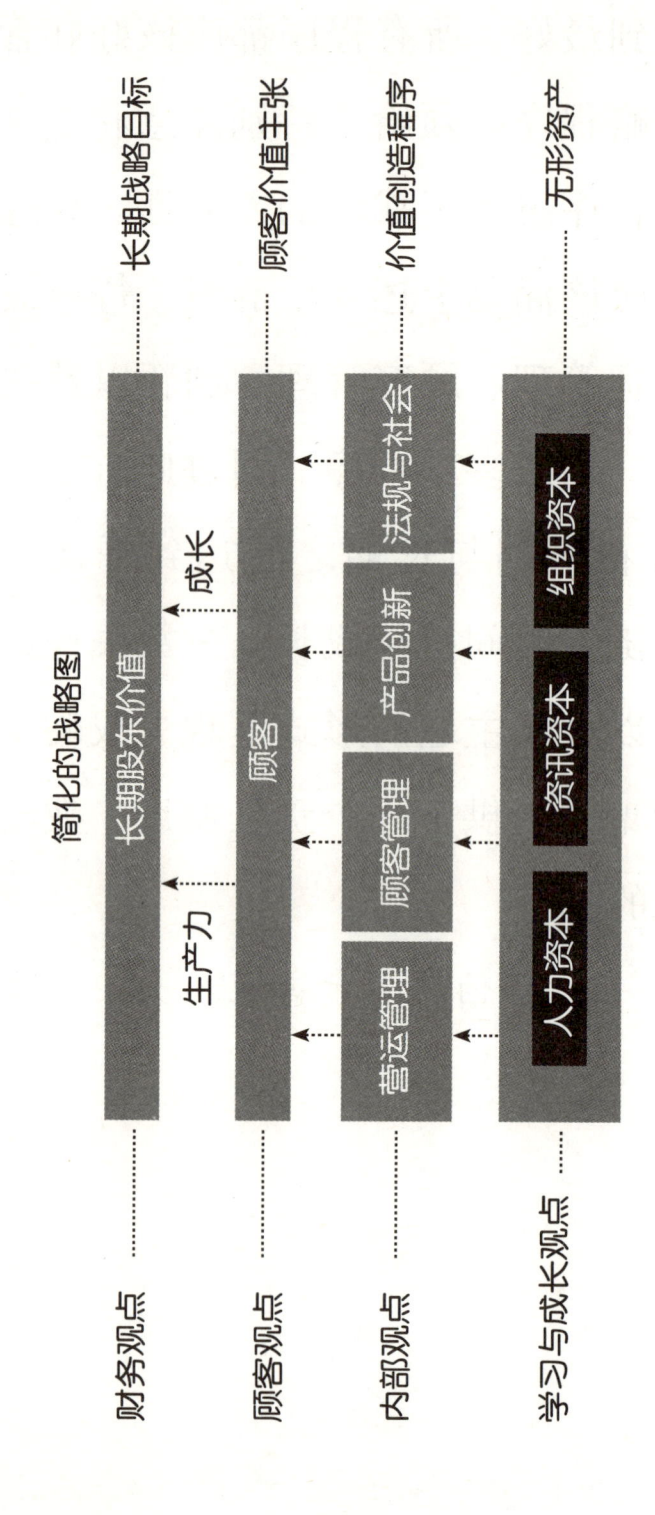

简化的战略图

财务观点	长期股东价值（生产力 ← → 成长）→ 长期战略目标
顾客观点	顾客 → 顾客价值主张
内部观点	营运管理、顾客管理、产品创新、法规与社会 → 价值创造程序
学习与成长观点	人力资本、资讯资本、组织资本 → 无形资产

· 118 ·

战略图的基本模版

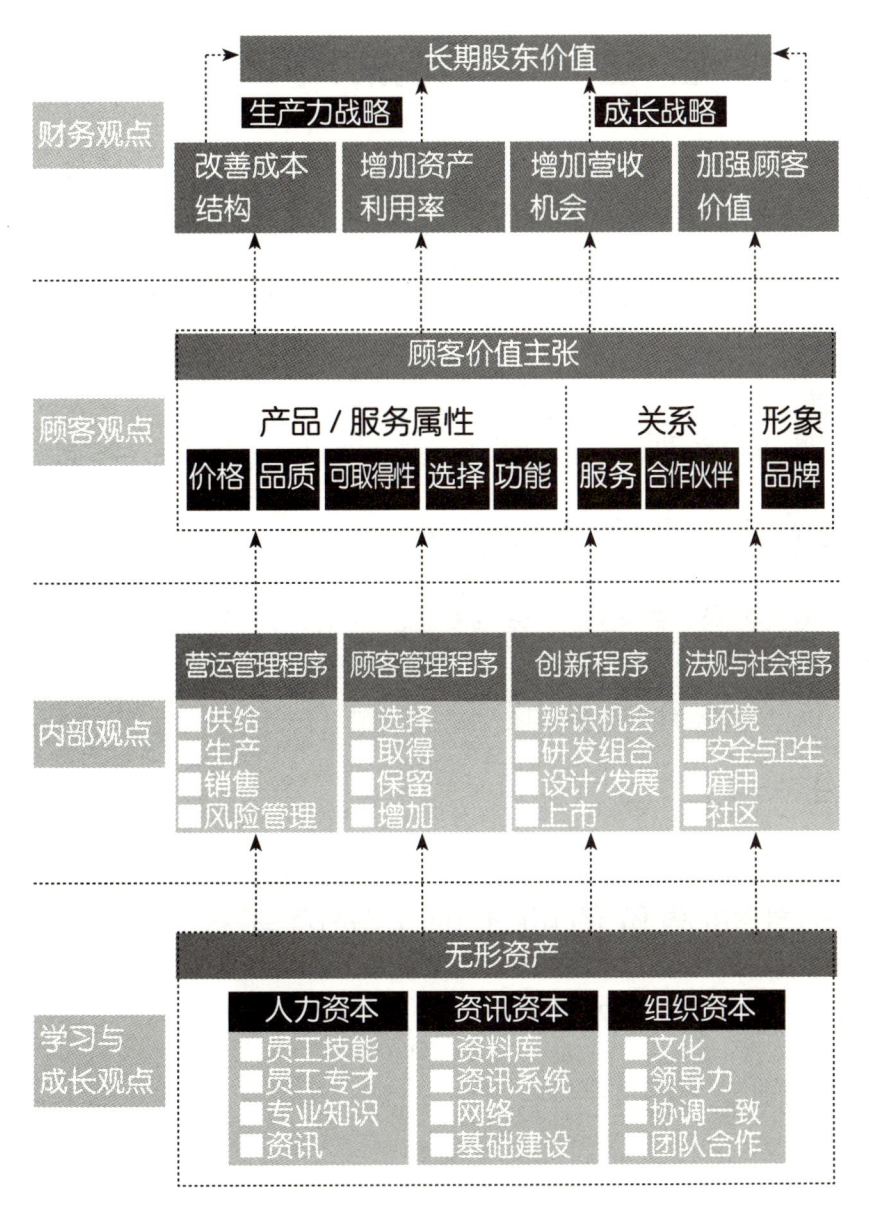

财务观点

长期股东价值

- 生产力战略
  - 改善成本结构
  - 增加资产利用率
- 成长战略
  - 增加营收机会
  - 加强顾客价值

顾客观点

顾客价值主张

产品/服务属性					关系		形象
价格	品质	可取得性	选择	功能	服务	合作伙伴	品牌

内部观点

营运管理程序	顾客管理程序	创新程序	法规与社会程序
☐ 供给 ☐ 生产 ☐ 销售 ☐ 风险管理	☐ 选择 ☐ 取得 ☐ 保留 ☐ 增加	☐ 辨识机会 ☐ 研发组合 ☐ 设计/发展 ☐ 上市	☐ 环境 ☐ 安全与卫生 ☐ 雇用 ☐ 社区

学习与成长观点

无形资产

人力资本	资讯资本	组织资本
☐ 员工技能 ☐ 员工专才 ☐ 专业知识 ☐ 资讯	☐ 资料库 ☐ 资讯系统 ☐ 网络 ☐ 基础建设	☐ 文化 ☐ 领导力 ☐ 协调一致 ☐ 团队合作

二 管理内部观点的四大主题

公司或其他组织通过生产能够盈利的产品和服务来创造价值。过去人们认为,这些程序的管理是管理层最重要的责任。但在今日的竞争环境下,光有卓越的营运绩效并不足以提供永久的竞争优势。战略图协助组织妥善执行其内部程序,并确保这些程序与无形资产及顾客价值主张相一致。

组织创造价值的4项关键内部程序是:
◎营运管理程序;
◎顾客管理程序;
◎创新程序;
◎法规与社会程序。

战略图

营运管理	1	发展供应关系
	2	生产产品和服务以供销售
	3	将商品和服务销售配送给顾客
	4	风险管理

1. 营运管理程序

在营运管理领域，组织将：

（1）尝试与供应商发展更深入的关系，目标在于降低顾客产品所需所有物料的总成本。一般来说，这包括简化下单和会计流程，以便尽可能减少管理费用。

（2）通过不断提出程序改进措施及效率提高方案，找出新方法，以尽可能高效率的方式生产产品和服务。

（3）尝试采用任何可行方式，降低经销及配送成本。

（4）试着更深入地了解经营中的风险，找出有效方法降低和规避风险。

通过重点加强营运管理，组织努力为其价值主张注入4项关键特色：

◎有竞争力的价格；

◎高水准的商品质量；

◎商品配送快速；

◎顾客问题的完善解决方案。

一份深思熟虑的整体战略图，为上述关键内部程序提供了战略焦点。或换句话说，战略图协助人们以组织的绩效为依据，改进相应的管理程序。它使组织着力改进要害之处，而非那些显眼的环节。

当组织开始推动品质管理计划时，战略图也能发挥效用。如进行全面品质管理（Total Quality Management, TQM）、六标准差（6 Sigma）或流程基础管理（Activity-based Management, ABM）时，战略图协助将这些品质管理计划嵌入战略架构，并提供因果关系说明及评量尺度。

2. 顾客管理程序

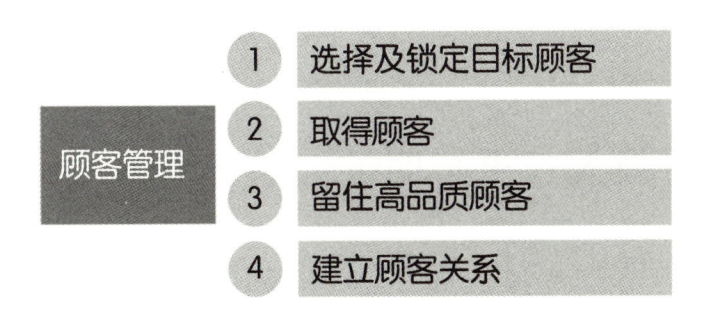

顾客管理
1. 选择及锁定目标顾客
2. 取得顾客
3. 留住高品质顾客
4. 建立顾客关系

这些领域是许多组织的弱项。在顾客管理方面，组织将：

（1）把广大市场分割成利基市场和目标市场，然后针对它们提出具体和个性化的价值主张。

（2）尝试通过传播有吸引力的价值主张，取得新顾客。

（3）努力留住现有的顾客，而不是在顾客背叛并转投竞争对手的产品或服务后，再花钱去营销以吸引新客户。此部分通常涉及顾客忠诚奖励及其他计划。

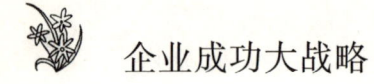

（4）借助交叉销售或其他伙伴关系，试着让现有顾客在未来购买更多产品和服务。

通过着力加强顾客管理，组织试图为其价值主张注入：

◎更强大、更鲜明的品牌形象；

◎双赢的、扩大的顾客关系；

◎更高的顾客忠诚度。

简单来说，顾客管理就是了解顾客并提出对顾客最有吸引力的价值主张。战略图有助于协调各项顾客关系方案背后的无形资产。

3. 创新程序

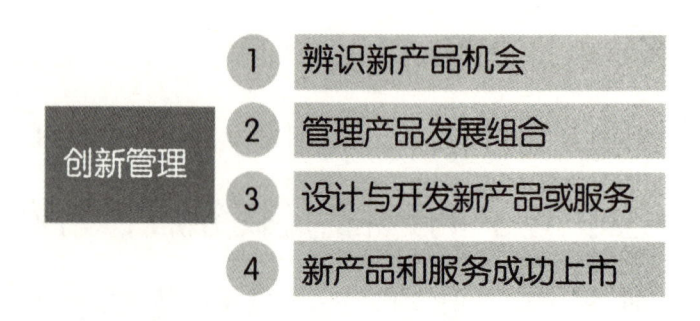

创新管理	1	辨识新产品机会
	2	管理产品发展组合
	3	设计与开发新产品或服务
	4	新产品和服务成功上市

战略图

　　为了维持或建立竞争优势，组织必须持续创造新产品和新服务，并投入市场。创新要求组织必须：

　　（1）预测顾客需求，开发符合这些需求的新一代产品。

　　（2）执行研究与发展项目组合。理想状态下，组织应开展各式各样的项目，使其能够创造崭新的科学与技术，创造突破性产品、下一代产品、衍生产品及共同开发产品。

　　（3）除了研究新产品外，公司也需要设计产品、制作和测试原型、进行试产测试，以及规划如何以最佳方式将新产品大量生产到可接受的数量水准。所有这些活动必须在合理的时间框架和预算范围内完成。

　　（4）开发周期结束时，新产品和服务必须达到商业量产水平。与此同时，市场和销售部门也要开始努力，将新产品和服务销售给顾客。顾客

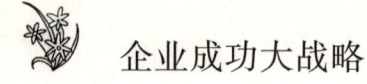

也会要求商品达到应有的品质水准。

通过专注在创新程序上,组织力图为其顾客价值主张提供:

◎ 功能强化或高效能产品;

◎ 率先将具有新特色、新优势的商品投入市场;

◎ 将产品拓展到大规模的新市场。

4. 法规与社会程序

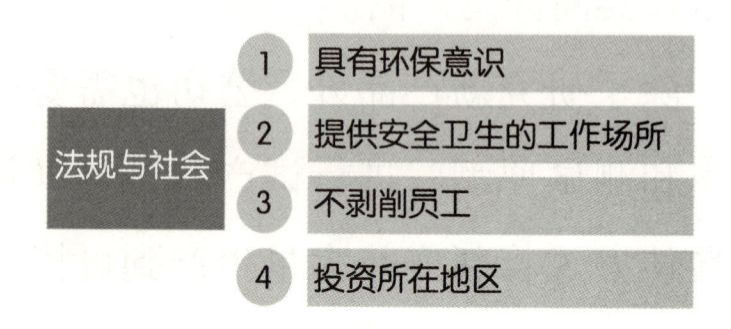

法规与社会		
	1	具有环保意识
	2	提供安全卫生的工作场所
	3	不剥削员工
	4	投资所在地区

公司和组织必须在制造销售产品的地区和国家内,持续赢得营运的权利。为了达成此目的,公司和组织遵守所有适用法律和规范,并且对营运所在地区有所贡献。特别是:

（1）组织必须明智地使用能源，避免污染环境，并且将其制造和销售产品对环境的影响最小化。

（2）组织必须为其员工提供安全卫生的工作场所，同时采取积极措施降低员工遭遇危险的可能性。

（3）公司必须支付员工合理工资，为员工提供学习新技能的机会。

（4）企业必须关注所处地区的需求，乐意捐款或允许员工带薪参加志愿活动。

这些社会与法规内部程序试图至少为顾客价值主张注入：

◎和社区建立伙伴关系的感觉；

◎成为好公民的意识。

法规与社会程序也为公司将来进入新市场铺平了道路。在原地区有优良纪录的组织，在新地区也会受到欢迎。当员工因组织为改善其所在地

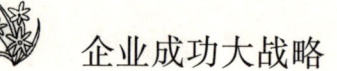

区作出贡献感到骄傲时，组织内部士气也会随之振奋，进而使组织更容易吸引和留住人才。

关键思维

战略图模板还为我们提供了一份关于战略组成要素及相互关系的检查清单。如果战略图模板上遗漏了某项要素，该战略就可能有瑕疵。例如，我们经常发现组织的某些内部程序和顾客价值主张之间缺乏关联。而这一疏漏通常会导致令人失望的结果。

——罗伯特·卡普兰　大卫·诺顿

三　协调与管理无形资产创造的价值

若想实现3项无形资产的附加价值,必须做到两件事:一是合理配置无形资产,使之与组织尝试执行的战略相一致;二是必须执行一个整体性计划,以协调合作为原则来强化组织所有的无形资产,而不是将它们置于一个个独立计划中,任其相互冲突。管理无形资产的关键在于评量其"就绪度"——意指无形资产符合企业整体战略要求的程度。

1. 无形资产的就绪度

实际上,有效管理无形资产的最佳方法,就是针对你的组织编制一份战略就绪度报告:

(1)识别组织所有的无形资产。

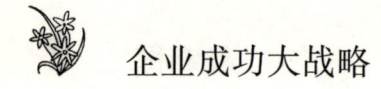

（2）协调每项无形资产，使之与战略相一致。

（3）评量每项资产的就绪度。

我们可以这样理解"就绪度"的概念：

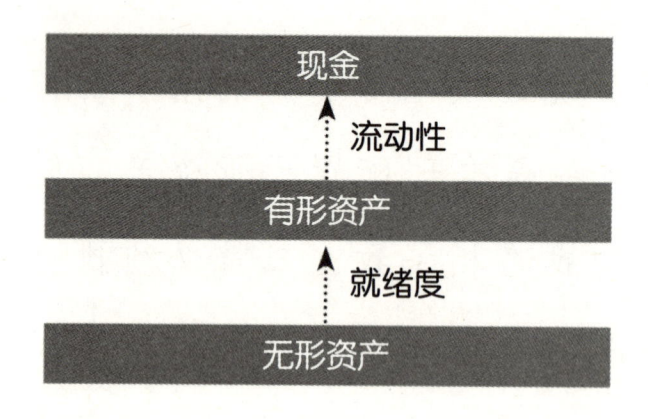

```
      现金
       ↑
      流动性
      
     有形资产
       ↑
      就绪度
      
     无形资产
```

◎流动性是指无形资产转换成现金的难易程度。

◎就绪度是指无形资产与企业战略的协调程度。就绪度愈高，无形资产开始赚进现金的速度就愈快。只有当内部程序创造更多收入和利润时，就绪度才能转换成现金。

◎只有当无形资产支持战略并与战略协调一致时，无形资产才会转变成有形成果（收入增加或成本降低）。

◎组织不能（也不应该）将货币价值指派给无形资产，因为只有在选定的战略成功执行的情况下，无形资产才会衍生出有形价值。

总之，无形资产的就绪度是战略成功的必要条件之一，但就绪度本身并不保证战略一定会成功。针对无形资产而言，战略目标应以逐渐提高就绪度的方法来管理无形资产，避免就绪度降低或丧失。为了持续达成此目的，你必须有能力单独说明、评量及管理每项无形资产的就绪度。

若要单独说明、评量及管理每种无形资产的就绪度，针对不同资产必须采用不同方法。

2. 人力资本

（1）确认组织的"战略工作组"——使组织内部程序有效运转的关键能力。

（2）建立"能力档案"——个人为了成功完

成职务工作所需要的知识、技能及价值。许多人力资源部门都已建立能力档案，以供择优任才或规划发展训练计划时使用。

（3）评估组织当前的就绪度——将员工现有能力及胜任程度与对"战略工作组"的要求做比较。此评估应该针对组织的强项和不足做出整体评量。

（4）开发更多人力资本——推行合适的招聘、培训和职业发展计划。注意，此处强调的是从事关键工作的少数员工，而非普通员工。

在人力资本领域，员工现有的能力通常和公司所要求的技能存在差距。这些差距其实就设定了加强人力资本及开发计划的日程表。通过消除差距，组织的人力资本便跟着增加。

3. 资讯资本

（1）正确描述现有的资讯资本组合

资讯资本组合主要包括两个关键部分：

◎技术基础建设——软件、硬件、通讯网络以及运行和管理上述基础设施的能力。

◎信息技术应用程序，如交易处理、管理分析工具、制程规划及供应链管理套件。

（2）使资讯资本与企业战略协调一致

资讯资本只有在推进战略的环境下才有价值。例如，执行产品领导战略的公司，将因为加强设计与开发程序的工具而获益。另一家追求顾客解决方案战略的公司，将通过能分析顾客喜好及行为的资讯系统而获得最大利益。为了使资讯科技的投资取得最大效益，相关背景环境非常重要。

（3）评量资讯资本就绪度

资讯资本的就绪度必须支持企业的优先战略。在此情况下看，就绪度可以用非量化方式（经理人以预设的等级评估就绪度）或量化方式（采用正式调查或技术审计）来评量。两种方法都有用，但你需要决定哪种评量方式最适合你的组织。

在过去，人们通常依成本及可靠度来评估资讯资本投入。战略图让此一评量得以在战略协调一致的基础上进行，即可以衡量资讯资本如何促进企业战略目标的达成。这是更实际可行且更引人注意的方法。

4. 组织资本

（1）建立组织领导力

特别是要建立那类在重大转型及变动期间非常重要的领导技能。有力的领导人愈多愈好。为了增强领导力深度，有些组织采用正式发展程序，让领导人在规划完善的接班计划下，以渐进方式接受愈来愈繁重的任务。另一种方法是建立领导能力模型，描述领导人应该展现的特质，然后鼓励员工尝试有助于发展这些特质的任务。

（2）加强企业文化

企业文化指组织成员视为合宜的主流行为及态度。不同的战略与价值主张都要先具备不同的企业文化，才能有效实现。大部分组织密切关注组织文化，以确保文化成为成长的推动力而非阻力。

（3）寻找更好的方法，使组织与优先战略协调一致

协调一致将鼓励个别员工冒险、创新及自主。为了提高一致性，领导人可以（借助将整体目标落实到个人的方式）培养协作意识，并建立将战略目标与薪酬联系起来的奖励计划。

（4）鼓励更密切的团队合作及知识分享

实施知识分享架构，让组织某个部门已经拥有的知识能应用到其他部门，产生连带效益与协同效应。

如同人力资本及资讯资本，组织资本也可以

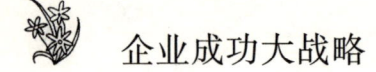

编写就绪度报告，追踪以上4个关键领域中的实际值与目标值。

注意，无形资产是未来组织绩效的最主要指标。只有经过适当协调与选定战略一致时，这些资产才会创造价值。只有聚焦在对关键内部程序最重要的技能时，人力资本才能增强。资讯资本只有在促进关键战略内部程序取得卓越绩效时，才会创造最大价值。只有挹注在成功的战略应用时，组织资本才会增加。主观尺度永远无法成功评量这些无形资产，因此我们需要采用平衡计分卡。

关键思维

有能力根据价值创造内部程序，调动及维持无形资产的组织，将成为产业领导者。

——罗伯特·卡普兰　大卫·诺顿

模板、战略主题及无形资产是了解和执行

战略图

战略的基石。战略图提供了制定战略及执行战略之间缺少的联结。

——罗伯特·卡普兰 大卫·诺顿

四 调和战略图与企业战略

战略图简要但全面描述了组织战略。有了这张清晰的图，管理层就更有能力描述、评量、管理和执行期望的战略。但若要使战略图发挥最大效能，我们应该结合包含评量标准、绩效动因、目标值及方案的平衡计分卡。战略图和平衡计分卡的结合，使得战略的有效性可以受到持续监督，方案能获得妥善管理，达成消除目标绩效和实际结果之间差距的目标。总之，当战略图结合平衡计分卡一起使用时，战略图将协助组织以更有效率的方法执行战略。

战略图可以动态地建立行动计划，而不只是被动呈现企业在某个短暂时间点的意图。若要同时有效使用战略图及平衡计分卡，请依照下列6步骤：

（1）确定并定义股东目前的价值缺口

或换句话说，设定财务战略目标、评量标准及目标值。决定你将致力于达成的长期收入增长目标及短期生产力改善目标。这些应该是能对组织带来挑战的高标准目标值。

（2）调整当前的价值主张

你需要辨识目前的目标顾客群组、厘清现在使用的价值主张、选择评量工具，以及依照财务增长目标调整顾客战略目标。你也可以采用一个能实现你所期望增长的新顾客主张。

（3）建立预期时间表

你需要预期新的内部程序及主题能多快开始创造所要求的财务结果。时间表应该标示可达成的目标，以及可能需要进一步调整的目标。

（4）辨识关键战略主题

关键战略主题指那些将对顾客价值主张造成最大影响的关键少数内部程序。接着针对各项主题，建立量化评量工具及目标值。你也要强调哪些内部程序是这些目标值的驱动因素，然后建立有关的战略目标、评量标准及目标值。

（5）辨识并协调无形资产

你需要评估每项无形资产的战略就绪度。接着针对如何提升各项资产的就绪度，设定个别的目标值。

（6）详细说明执行战略所需要的行动方案及资金

你需要厘清必要资金的额度及来源。战略图、平衡计分卡及行动计划之间的因果关系，应该有助于具体展现其中涉及的逻辑。

这些步骤意味着，被动的意图声明被赋予了重要性及相关性。例如，"缩短一般产品开发周期"的战略目标虽有吸引力，但依个人理解各有不同。

战略图

如果改成"将产品开发周期从3年缩短为9个月",组织里的每个人就会了解,此目标将需要某种突破性的、打破陈规的思考,而不只是小幅改善。当声明附带了目标达成的时间表时("在未来3年内将产品开发周期从3年缩短为9个月"),人们将了解此项目是长期还是短期计划。一旦补上实现战略目标所需行动计划的预算,人们便开始认真看待项目,而不是等待一个又一个短暂施行的项目出现。

将战略图、平衡计分卡及行动计划关联起来,其真正优势在于一致性。与其采用分散的方法,导致组织不同部门追求不一样的时间表,不如让每个人使用相同的整体战略,使愿景和达成该愿景的战略相互一致。员工可能会受到鼓舞而采取行动,因为他们将看见,到达管理层想要前往的目的地是实际可行的。

企业成功大战略

战略图 / 平衡设计分卡 / 行动计划

	战略目标	评量	目标值	方案	预算
财务观点	·××××××		+xx% +xx%	·×××××× ·××××××	$××× $×××
顾客观点	·××××××		xx% xx%	·×××××× ·××××××	$××× $×××
内部观点	·××××××		xx% x个月	·×××××× ·××××××	$××× $×××
学习与成长观点	·××××××		xx% xx% xx%	·×××××× ·××××××	$××× $×××
				合计	$×××

财务观点：长期股东价值 ← 生产力 / 增长

顾客观点：顾客

内部观点：营运观点 | 顾客管理 | 产品创新 | 法规与社会

学习与成长观点：人力资本 | 资讯资本 | 组织资本

· 142 ·

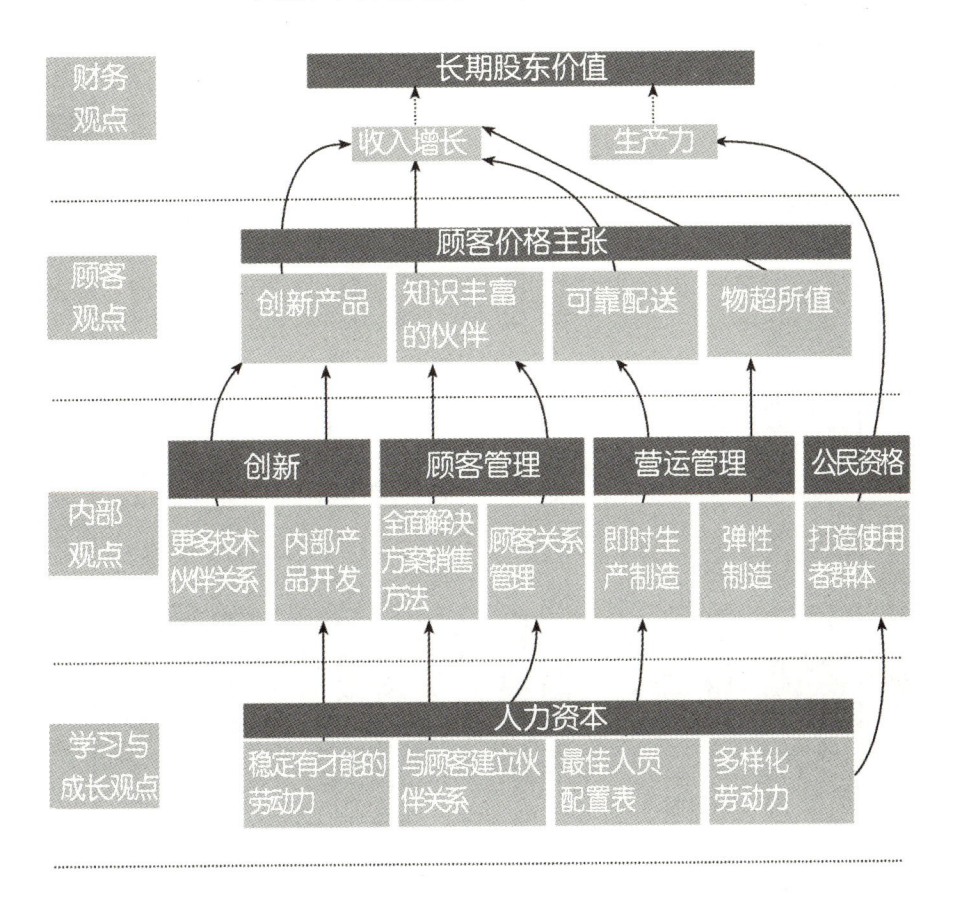

战略图

举例：高科技制造公司的战略图

财务观点
- 长期股东价值
  - 收入增长
  - 生产力

顾客观点
- 顾客价格主张
  - 创新产品
  - 知识丰富的伙伴
  - 可靠配送
  - 物超所值

内部观点
- 创新
  - 更多技术伙伴关系
  - 内部产品开发
- 顾客管理
  - 全面解决方案销售方法
  - 顾客关系管理
- 营运管理
  - 即时生产制造
  - 弹性制造
- 公民资格
  - 打造使用者群体

学习与成长观点
- 人力资本
  - 稳定有才能的劳动力
  - 与顾客建立伙伴关系
  - 最佳人员配置表
  - 多样化劳动力

接着可将此战略图分拆成多项战略主题，每项主题可依照下述方法联结平衡计分卡及行动计划：

企业成功大战略

策略主题		平衡计分卡			行动计划	
		战略目标	评量	目标值	方案	预算
财务观点	收入增长	·销售新产品	·每年收入增长 ·新产品收入	+35% 40%		
顾客观点	高度创新产品	·提供最高品质产品	·留住顾客 ·市占率	75% 60%	·建立关系 ·赢得市占率计划	$135 $500
内部观点	世界级产品开发	·促进开发团队执行工作	·先发优势 ·开发时间	80% 8个月	·参加商展 ·开发程序重整	$250 $600
学习与成长观点	积极、技术熟练及稳定的动力	·取得、加强及留住人才	·留住关键人员 ·招募行动 ·每年奖金计划	80% 进行中 +20%	·津贴计划 ·大学宣传 ·奖金分享	$1,650 $875 $5,675
					合计	$9,685

· 144 ·

Scrum 敏捷开发术

Surum The Art of Doing Twice the Work in Half the Time

原著作者简介

杰夫·萨瑟兰（Jeff Sutherland），Scrum 发明者与共同创造人，研发出全球最受欢迎的敏捷计划管理技术。萨瑟兰最初担任美国空军战斗机飞行员，驾驶飞机 11 年后，他加入科罗拉多大学医学院，成立癌症研究中心，负责争取研究经费及执行 IT 计划。接着他被一家经营 150 间银行的公司招募，担任公司正在起步的 ATM 事业部门总经理。目前为止他担任过 11 家软件公司的工程副总或技术总监，2006 年时他成立了自己的训练公司 Scrum, Inc.，提供 Scrum 计划法的训练服务。萨瑟兰毕业于西点军校、斯坦福大学与科罗拉多大学医学院。

本文编译：许恬宁

主要内容

主题看板	Scrum 团队快、狠、准 / 149
轻松读大师	引言 / 153
	一　问题——传统计划行不通 / 156
	二　解决方案——Scrum：更好的计划方式 / 162
	三　Scrum 为何有用——用 Scrum 拟定计划的优点 / 180

> 主题看板

Scrum 团队快、狠、准

面对快速变化的时代，你需要反应快、行动狠、判断准的工作团队。为此，你必须赋予团队明确的方向和充分的自主权，让团队随时保持高昂的士气、灵活的身手，在场上奋力争球、漂亮得分。而这套带领团队有效执行项目的战术就叫做Scrum。

1910年左右，哈利·甘特研发出甘特图，以横轴表示时间，纵轴表示活动项目，再以各种颜色的线条呈现各项活动的预定进度与实际进度，让相关人员通过容易理解的图形，对整体计划的活动状况一目了然。

但是甘特图明显着重时间管理，无法有效表

现项目成本及范畴的特性，在管理上确实有不足之处。当计划较为复杂时，每项工作之间关系过多，纷杂的线条势必增加甘特图阅读的困难度。再加上活动项目产生异动或时程延误，即使有专业软件工具可以立即重新绘制图表，也仍旧无法弥补它的局限性，反而更加突显现实环境中计划往往赶不上变化的窘境。

更好的项目管理方式

那么，还有其他更好的项目管理方式吗？杰夫·萨瑟兰在20世纪90年代初期也在思考这个问题，并于1995年在美国计算机协会（ACM）的年度会议上与肯·施瓦伯共同发表《Scrum软件开发程序》，提出更具弹性及可行性的项目管理方式。

Scrum原是橄榄球术语，指比赛过程中的争球仪式。该文沿用日本商学院教授竹内弘高与野中郁次郎于1986年发表的《新产品研发的新赛局》中提出的概念。文章以橄榄球为例，强调团队在新产品开发中的重要性，主张一个杰出的团队需要被赋予的是目标而非任务。你只要给它方向，并授予自主权，让它可以自行决定如何朝目标推进，它便能完成卓越的表现。

这个主张在面对快速变化及高度不确定的状态下尤其适用，因为在未知领域中变动是常态，应变才是王道。按逻辑推理而来的完美甘特图明显不切实际，通过实际验证及不断修正才是你最好的靠山。Scrum的诞生无疑是应时代需求而来。

更好的团队协作模式

Scrum强调高度透明及密切的日常协同工作，而这也正是Scrum看似简单实则不易的关键所在。因为习惯于从上层接受命令与控制的工作习性并不会一夕改变，强调透明的工作模式也可能形成莫大压力。

只有当每个人都知道谁负责什么以及何时完

成时，每日站立会议的3个问题——"你昨天达成什么"、"你今天会做什么"及"你遇上什么困难"，才可能更快暴露出项目规划、团队构成、管理甚至个别能力上的缺陷。因此真能将Scrum贯彻到底的团队并不多见。

如今Scrum已被公认为最具实用性的软件开发框架，运用范畴也从软件开发扩大到制造、营销、营运及教育等其他领域。它提供的不只是一项应用于新产品开发的项目管理工具，同时也是一种团队协作的模式及团队经营理念。如果你常觉得项目执行不力，或许Scrum敏捷开发术正是你需要的处方。

轻松读大师

引言

Scrum 是新型的改良式项目执行法，特点是不断演进与调整，而不采用从上往下的命令方式。

传统的产品研发方式已不再可靠。将一个大计划拆成按部就班的小计划，接着在甘特图上安排它们的时程，这种"瀑布法"行不通。瀑布法项目几乎毫无例外无法按照时间表准时完成。它会每每超出预算，而且还可能研发出没人想要或没人愿意买单的产品。

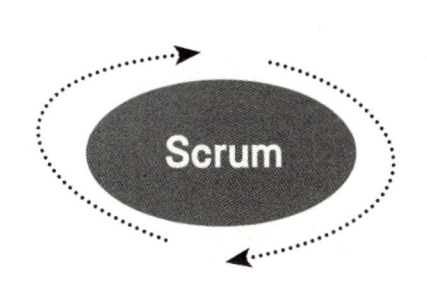

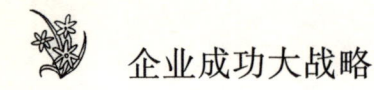

1993年问世的 Scrum 是新型的改良式项目执行法，特点是不断演进与调整，而不采用从上往下的命令方式。Scrum 最初在软件业大受欢迎，但今日几乎已成功运用于每一个产业。

Scrum 借鉴"丰田生产系统"以及战斗航空学的 OODA 循环理论。Scrum 采取小型团队的架构，这是做事最有效的方法。团队排出最需要完成的事项，并冲刺 1~2 周以增强势头，让每一个人负起责任。团队通过每日召开简短的站立会议来统筹运作，会中每一个人都可以分享技巧，获得协助以应付突如其来的挑战，并且负起自身责任。

关键思维

20 年前我和肯·施瓦伯一起创造出 Scrum，最初为高新技术产业的软件开发提供了一种更快、更可靠、更有效率的方式。Scrum 大幅改变过去命令式的、从上往下的项目管理方式，而走向演进的、调整的自我修正系统。我们用Scrum打造一切，设计出每升油跑40多千米的便宜车款，还让美国联邦调查局的资料库系统进入一个新的时代。我坚信Scrum可以掀起革命，改变各行各业做事的方法。

——杰夫·萨瑟兰

一　问题——传统计划行不通

从上往下的计划方式，由老板指定该做的事以及何时该执行（依据彩色图表），那完全行不通。你最终只会得到一切在计划掌握之中的假象，却骗不了任何人。你要知道，拟定计划是好事，但盲目跟着计划走则愚不可及。

传统计划项目的方式通常像这样：

瀑布计划法

- 领导人决定计划内容
- 决定技术设计
- 每一个人忙着做经理人指定的事
- 完成后，客户才看到产品

◎关于该做什么以及如何做的指示，从组织高层以瀑布方式往下倾泻到低层。

◎几位计划拟定人花数月时间指定该做什么以及由谁执行。

◎计划拟定人画出华丽壮观的彩色甘特图，显示谁要在何时做什么。

这种计划方式唯一的问题是，计划书和图表上看起来完全合乎逻辑的详细计划，一旦实际执行起来，就会变得一团乱。结果就是，几乎每一个按照传统方式定出来的项目，最后都会延期并超出预算。而且，由于你到最后一刻才让终端用户看到成果，你很可能研发出没人想要或没人愿意付钱的东西。

顺道一提，甘特图最初在1910年左右由哈利·甘特研发出来，广泛运用于第一次世界大战的战争计划，而一战很难称得上是人类战争史上的丰功伟业。一个在1910年左右为了阵地战研发出来的计划工具，到了 21 世纪还被视为最先进的东西，这令人百思不得其解。

事情很简单，传统的计划方式是一种幻觉，在纸上看起来一切都很棒，但实际执行后永远行不通。因此，为了回应这样的问题，软件业在 20 世纪 90 年代初期依据"敏捷宣言"提出新的计划方式。这个宣言源自几个简单的价值理念：

◎人比流程重要。

◎做出行得通的产品，胜过在书面上规定产品该做些什么。

◎和顾客一起合作做出他们需要的东西，胜过和他们协商，要他们用你现有的东西。

◎回应市场出现的改变，比固守几年前定出的计划更有价值。

◎经理人职责是排除影响团队生产力的障碍。

在那之后，敏捷法已经在软件业生根，除了使软件研发更具效率，也被应用于各行各业的其他项目。Scrum 对其去芜存菁并加以调整，让可行的软件开发方式用在更多产业。

Scrum 从众多来源撷取灵感：

（1）大野耐一的研究

大野耐一提出排除障碍的概念，指出"流式生产"（flow）的重要性，最终成就了"丰田生产系统"（Toyota Production System）的哲学。日本的商学院教授竹内弘高与野中郁次郎在 1986 年《哈佛商业评论》上的大作《新产品研发的新赛局》中，延伸了大野耐一的理论。

（2）美国空军的战斗飞行员训练

美国空军教导飞行员，减少风险的最佳方式是利用以下 OODA 循环理论：

◎观察目标区；

◎根据出乎意料的事件来定位自己；

◎决定最佳行动方式；

◎果断行动。

（3）爱德华兹·戴明提出的概念

爱德华兹提出"PDCA循环"管理方式，4个英文字母分别代表"计划"（Plan）、"执行"（Do）、"确认"（Check）和"行动"（Act）。要取得持续不断的改进，最佳方式就是：计划你要做什么，实际去做，确认是否达成目标，接着改变做法付诸行动，让事情愈变愈好。

（4）"守破离"的武术哲学

在"守"的状态，你学习规则与形式。前进到"破"的状态，你已熟悉基本原则而开始创新。接着在"离"的状态，你抛开形式，发挥创意。

以上及其他更多概念混合在一起，成为Scrum的哲学基础。

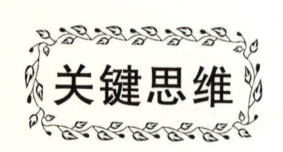

关键思维

我见过公司指派专人每天负责更新甘特图。问题是，那个美轮美奂的计划一旦碰上现实，便溃不成军。然而经理人的反应不是抛弃那个计划，而是雇人让计划看起来行得通。基本上，他们是在付钱请人对他们说谎。

——杰夫·萨瑟兰

Scrum 的功能是召集团队做出好东西。要做到这一点，每个人不仅得看到最终目标，也得渐进朝目标走。我们太常听到这种故事：某个大型项目花了数百万美元，结果被中止，原因除了成本超出预算，还因为计划根本行不通。你有多少的人生能浪费在你和老板都明知不会创造价值的事情上？

——杰夫·萨瑟兰

二 解决方案
——Scrum：更好的计划方式

Scrum 建立在一个简单的核心概念上。展开项目时，应该定期和终端用户沟通，确认你做的是他们真正想要的东西。Scrum 的基本精神是不断确认自己正朝着正确的方向前进，与此同时，也要寻找能把事情做得更好更快的方法。

展开 Scrum 项目的方式如下：

1. 组织

（1）挑选产品负责人

每一个 Scrum 项目都需要一位产品负责人。此人必须明确理解你想做或想达成的事。产品负责人必须：

◎具备专业知识——了解什么是可达成的，

Scrum 敏捷开发术

组织

- 挑选产品负责人
- 召集你的 Scrum 团队
  - √ 拥有适当技能的 3 到 9 人
- 挑选 Scrum 队长

预想

- 拟定产品待办事项
  - √ 建立路线图
  - √ 依据待办事项价值，排出办理顺序
  - √ 改善与评估整个项目

开发

进行冲刺

- 计划
- 动手做
- 展示或检讨
- 分析与学习

- √ 为期 1～4 周
- √ 每天 15 分钟的团队站立会统筹动作计划
- √ 学习如何改善并做得更多

调整

- 让使用者试用产品
  - √ 得到使用者回馈
  - √ 将使用者心得纳入产品待办事项
  - √ 更新与演进

而且知道做什么会有价值。换句话说，优秀的产品负责人知道什么能带给终端用户重大不同。

◎能够做决定并为结果负责。团队能自己决定达成目标最好的方式，但结果由产品负责人全权负责。他将向所有内部股东和外部股东负责。

◎随时可见。产品负责人必须就在附近，有需要时便解释该完成什么事及其原因。他必须能随时和团队沟通，让大家依计划行事。

◎负责创造价值——产品负责人必须知道要以什么样的标准来评估成败，以量化方式展示进度。

◎了解整体项目的风险与回报。

◎了解终端用户的迫切需求。

产品负责人必须瞄准甜蜜点——也就是你能做到的事、你能卖出的东西以及你有热情的东西的交集。产品负责人的责任是在这一点上取得平衡。

产品负责人必须持续更新待办事项，依序排列团队要完成的工作。他要为项目在价值创造上的成败负责。优秀的产品负责人必须懂商业案例、市场与顾客，而且要随时让每一件事朝着正确方向前进。这是一个繁重的角色，但这是Scrum方法的重要内容。

（2）召集拥有适当技能的3~9人成立Scrum团队

Scrum团队是实际执行工作的人，其成员必须拥有必要技能，好让产品负责人的愿景能够成真。Scrum团队不大，一般约3~9人。

优秀团队有3项特征：

| 强大的目的意识 | 自动自发——自我规划自我管理 | 跨职能，拥有一切必要技能 |

优秀团队的特征

最具生产力的 Scrum 团队为 3~9 人。如果人数超过这个数字，沟通会出现问题，大家工作时会产生误解。要想做好事情，你必须让团队小而忙。

（3）挑选 Scrum 队长

Scrum 队长的任务很具体，他并非传统意义上的经理人。Scrum 队长的工作是监督团队的工作情形，找出能让每项工作更快进行的方法。Scrum 队长有点像是指挥官、教练以及协调员。

具体来说，Scrum 队长要做的事包括：

◎召开每日团队会议。

◎确保团队事务透明公开。

◎帮助团队找出妨碍进度的症结，消除所有障碍。

◎指导大家以最佳方式运用 Scrum 架构。

Scrum 队长的工作是消除浪费，提高生产效率。他微调工作场所的做法，让每一个人进入运动员所说的"心流"状态，从而使工作顺畅无阻、效率极高。Scrum 队长努力让每一个项目无比流畅。

关键思维

如果你只专注于自己能做到的事，最终只会做出没人想要的东西，就算有满腔热情也一样。如果只专注于你能卖出的东西，你会承诺你办不到的事。如果你做能卖出的东西但没有热情，你终究是在费力打造平庸的事物。然而在三者交集的地方，那个甜蜜点，是一个奠基于现实的愿景，并真正有可能成就伟大事物。

——杰夫·萨瑟兰

优秀的 Scrum 队长将确保：

◎ 不让任何人多进程，因为这永远行不通。同时做一件以上的事，总是让每件事的进度变慢，成效变差。每一个人都必须知道多进程行不通。

◎任务要完成，而不是做一半。每个人都必须遵守这个信条："做一半的意思就是没做。"

◎事情一次就做对，而不是永远忙着修补漫不经心的错误。

◎每个人都能够以持久的步调做事，因为人类总会抵达报酬递减的那个点。别让大家不顾一切地完成任务，而要使他们以合理、持久的方式努力，辅以充足的休息与娱乐。

◎目标要具有挑战性，但切合实际。

◎不存在任何愚蠢的政策，以免降低大家的生产效率。

◎工作场所平和又有效率，每个人都努力达到"心流"的境界。

2. 预想：拟定产品待办事项

◎建立路线图；

◎依据待办事项价值，排出办理顺序；

◎改善与评估整个项目。

产品待办事项是一个高级列表，包含要让愿景成真一定得做的每一件事。产品待办事项将贯穿整个项目期间，而且会随着时间推移而变化，是每一个人都必须了解并使用的路线图。

产品待办事项是一张明确的清单，它根据附加价值的多寡，依序排出需要完成的事项。产品负责人与利害关系人及 Scrum 团队成员沟通，负责维护这张清单。至关重要的是，产品待办事项只能有一个版本，而且每个人都要清楚上面有什么事项。

产品待办事项可能多达数百个，也可能只有几件需要先厘清的事。清单必须依据优先顺序排列，将风险最低而价值最高的事项排前面。对多数项目来说，如果一开始先做立刻会创造收入的事项，项目整体风险将因而降低。愈快开始向顾客提供价值愈好，因此这类事项往往位居大部分产品待办事项的首位。

关键思维

产品待办事项让你知道，做哪些事可以用最少的努力来得到最多的价值，并且应该立刻执行。接着找出下一个带来更多价值的东西，然后依次类推。比想象的更快，你就能创造或带来可以展示实际成效的东西。关键是要排出优先顺序。

——杰夫·萨瑟兰

Scrum 所做的是，让我们专心消除任务中看似不可或缺但实际并无意义的多余流程。我已尽力让流程成为最不扰人但仍维持人们专注力的架构。

——杰夫·萨瑟兰

Scrum 的真正目标是，尽快将"最低可行产品"（minimum viable product, MVP）交到未来顾客手中并取得他们的意见回馈。接着你把回馈纳入决策过程，据此排出待办事项的先后顺序。你也可以开始调整开发路线图，以便生产出顾客百分之百重视的东西，而不是你希望他们会喜欢的东西。

有时项目做出 80% 的价值后，利害关系人会决定不继续投资，即不必完成剩下的 20%。Scrum 项目的一个优点是可以提早结束，把团队换到下一个项目，靠着做别的事带来更多价值。如果你能做到这样，便是货真价实的双赢局面，每一个人都能得到好处。你可以把提早终止的条款写进研发合同，让双赢得以发生。

此外也要注意，随机应变并积极管理的产品待办事项，可以降低风险。渐进式的交付以及纳入实际考虑的顾客回馈，可以确保你最终产出顾客要的东西。人们要到亲身试用之后才会知道自己真正要什么，因此你要快速交付，快速知道什么行不通，然后换到下一个行得通的东西。有了 Scrum，你不必猜顾客在想什么，而是做给他们看，接着找出他们使用时的心得。这是较为聪明的产品研发法。

3. 开发：进行冲刺

◎计划；

◎动手做；

◎展示或检讨；

◎分析与学习。

团队成员、Scrum 队长以及产品负责人聚集在一起拟定冲刺计划。冲刺有固定的时间长度，即不超过一个月。多数的 Scrum 项目通常使用 1~2 周的时间来冲刺，这是目前为止在项目执行上被证实最有效的长度。

Scrum 会议从走一遍产品待办事项开始。清单必须依据价值排出顺序，以便每一个人预测在这次冲刺中可以完成多少。

关键思维

　　这个流程的好处是迭代：不断重复就对了。一旦人们有了你的产品或服务或是生活因你有了改变，他们就会告诉你下一个最有价值的东西是什么。再做出那件事的 20%，然后呈现在他们面前，接着再次重复。借由这种渐进释出的流程，你打造出最初的产品或项目一半功能时，便已释出 200% 的价值，而且只用了一半时间。这就是 Scrum 真正的力量所在。

——杰夫·萨瑟兰

　　不要专注于提供一堆杂七杂八且没有用处的东西，要专注于提供有价值且人们真心想要的东西。

——杰夫·萨瑟兰

你可以帮产品待办事项加上点数，评估你的冲刺是否变得更具生产效率。理想上，你希望每次完成冲刺都能增加点数。Scrum 队长负责追踪这件事，努力增加每一次冲刺的整体成效。

检视产品待办事项时还有其他需要确认的重点。确认你为你的冲刺选择的项目是：

◎实际上可行，而不是理论上可行。

◎拥有让事情能完成的充分资讯。

◎小到能够准确评估。

◎对于所谓"已完成"有合理的定义。

接着团队从产品待办事项中选出此次冲刺要完成的项目。这个选择很重要，因为一旦决定后，就不能删改或增加。每一次的冲刺都必须明确计划好要完成多少项目。

冲刺要想成功，需要让工作透明清楚。有好几种方法可以办到，最常见的方法是：

◎所有事项放上 Scrum 板——通常是一个

写有待办事项、进行中事项以及完成事项这3栏的白板。接着团队成员在便条纸上写下冲刺中要完成的事项。待办事项开始进行后，便条就移到"进行中"那一栏，完成后则移到"完成"栏。每个人一看就知道什么事正在进行，什么事尚待完成。

◎画出燃尽图（Burndown Chart）——列出冲刺的总点数以及剩余天数。每一天，Scrum队长将完成的点数画在图上。你希望到了冲刺的最后一天，点数为零。

冲刺的核心动力是每日的站立会议。开会时间为15分钟以下，每一个人都站着，从而让会议简短。这个会议的议程十分简明。你只需要让每个人都回答同样的3个问题：

仅此而已，这样就够了。如果会议超过15分钟那就是做错了。每日的站立会议让团队成员知道大家的进度以及冲刺的成效如何。团队成员

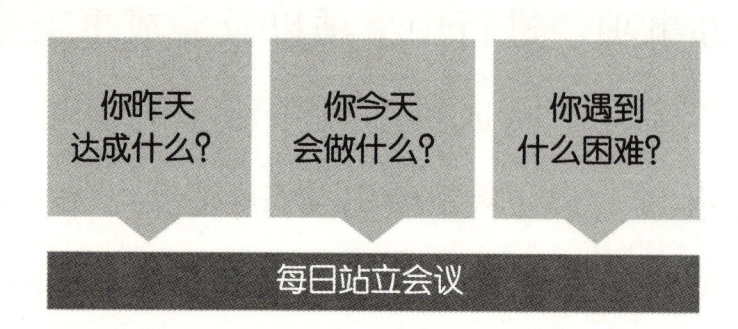

> 你昨天达成什么？　你今天会做什么？　你遇到什么困难？
>
> 每日站立会议

会听到别人的近况，而且有需要的话，可以主动自愿互相帮忙。Scrum 队长也有排除困难的责任。

冲刺的最后是成果展示，团队给大家看产品进度。任何人都能参加成果展示，并非只有产品负责人或团队成员参加。利害关系人、管理层，甚至是顾客都可以参加成果展示。团队炫耀其冲刺成就，让大家知道完成了哪些功能。展示时，还能讨论有什么可以立即出货。

产品展示结束后，接着召集团队进行检讨回顾，分析这次冲刺中哪些事情顺利，哪些事不顺利。这里要检讨的是流程，而不是怪罪某人。回顾的用意是学到教训，找出有哪些东西可以在未来的冲刺中做得更好，以提升生产效率。

回顾时你该问的问题包括：

◎为什么这次的计划会有这样的结果？

◎哪里做得对？

◎哪里做错了？

◎如果坚持做哪件事的话，可以加快速度？

◎可以马上着手改善流程哪个部分？

◎在下一次冲刺时，可以改变哪些做法来提升生产效率？

回顾完毕后，团队与Scrum队长达成共识，同意下一次的冲刺要改善的流程。把那个流程改善方案写进产品待办事项，还要定出评估流程的标准。如此一来，团队将能看出流程是否已经改善，并且评估此一改善对速度带来的影响。

4. 调整：让使用者试用产品

◎得到使用者反馈；

◎将使用者心得纳入产品待办事项；

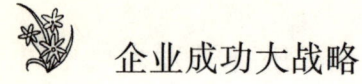

◎更新与演进。

让顾客在产品研发过程中就获得实际经验，乃是Scrum的关键特色之一。显然那些早期顾客看到的东西不会是你的完美成品，他们看到的是早期原型——你的最低可行产品（MVP）。那没关系。这可以阻止你朝错误方向前进，让你不会最后研发出没人想要的东西。

问顾客他们想要什么，然后依照意见做出修改，这听起来不是什么划时代的概念，然而大多数的研发项目都并非如此。大部分时候，开发者会执着于在一切都大功告成之后，才让顾客一窥产品。这是有风险的，因为你是在烧光自己的资源后祈求一切顺利。Scrum的方法则是先行取得早期回馈，显然这样更有成效。

关键思维

Scrum的设计使你能让团队在几天内就开工。

找出待办事项，计划第一次冲刺，然后就上路。你不需要花很多的时间拟定计划、深思熟虑、写任务说明或做5年预测。这些都留给竞争者去做，让他们吃灰尘，永远跟不上你。

——杰夫·萨瑟兰

时间有限，不要当成无限。

——杰夫·萨瑟兰

三 Scrum 为何有用
——用 Scrum 拟定计划的优点

1. Scrum 能随时调整与自我修正

Scrum 迫使你思考产品规格的优先顺序。那是一件好事，因为使你得以运用 80/20 法增加效率。你可以先做能带来 80% 价值的 20% 工作，然后再决定是否完成其余的部分。

Scrum 不是要你看着清单做事。一条一条划掉任务的做法，不会让 Scrum 发挥最佳成效。你要想象一个故事，想着谁会因为你研发的东西而得到价值，然后用第一人称写下简短的一段话，从他们的角度看事情。

举例来说，假设你正在开发网上书店。你的故事可能看起来像这样：

◎"我是顾客，我希望能够依据类型浏览书籍，找到想要的书。"

◎"我是顾客，我希望能够把想买的书放进购物车，结账快捷又方便。"

◎"我是产品经理，我希望能够追踪每位顾客过去曾购买的品项，以便未来能够推销他们可能会喜欢的其他书籍。"

要写出个故事，而不是只拥有一份清单。接着团队可以讨论如何让一个故事成真以及具体的执行步骤。你可以找出哪些故事最具价值，然后立刻着手让它们美梦成真。接下来你还可以为产品加进更多故事，让产品更完善。

这种做事的方法更具生产效率，特别是在碰上不熟悉的领域时。采取Scrum会让你专注于产出人们将在乎的结果。你不要爱上自己制定的地图，而是要好好计划从而让每一个人动起来，然后视情况一路调整。

2. 冲刺产生动能

做传统项目时，在完工之前你不会得到任何意见回馈，而那可能是几个月后的事了。有时候，这意味着你朝错误方向已经前进了几个星期甚至几个月，但却浑然不觉。有时候则是一开始时大家觉得很棒的点子，最后却变得没有意义，因为市场已经改变。你应该定期冲刺，专注于完成一件事，然后停下来看一看现实状况，避免遇上那样的问题。

冲刺的另一个好处是它们会产生动能。每个人都将获得动力，因为他们看得见正在发生的事。如果你有Scrum板，把便条纸从"待办"栏位移到"进行中"，然后最终移到"完成"栏位这件事，是会令人上瘾的。每个人都能看到进度并一起努力。

3. 得到立即、持续不断的回馈

你已经学会用Scrum做项目时，将工作分割成块，好让故事成真。接着你要评估每次冲刺会完成多少工作，并且在每次冲刺结束时，排除障碍，用更聪明的方法做事，以改善你的速度。

立即与持续的回馈带来很大的好处：

◎你永远都在努力学习如何改善速度，这是良好的心态。

◎你将更加精确地知道何时能交出项目的最终产品。换句话说，一旦知道自己跑得多快，你就知道何时能抵达想去的地方。

◎一旦每个人都专注于排除障碍并以更好的方式做事，Scrum团队的生产效率就会加倍，这一点也不稀奇。你将超越原先的计划，有信心追求更远大的目标，有信心推动组织做大胆的事。

◎Scrum会改变你的企业文化。人们将不再隐瞒资讯并将其留作己用，好让自己成为不可或缺的人物，而是会一起合作，分享知识，增加团队的产出。这种改变让组织得以迈向卓越。

关键思维

Scrum能改变你对时间的认知。冲刺与参加站立会议一阵子之后，你会不再把时间看成直线进行到未来的箭头，而是看成一种不断循环的东西。每次冲刺都是做出新东西的机会，每一天都是变得更好的机会。Scrum鼓励人们拥有整体的世界观。遵循这种世界观的人会重视每一刻，把它们当成反复出现的呼吸与生命循环。

——杰夫·萨瑟兰

一天开一次会。要想确认团队状况，一天一次就够了。在每天的站立会议上相聚15分钟，看看能以什么方法加快速度，然后就去做。

——杰夫·萨瑟兰

犯了错便立刻修正。停下一切来解决那件事。比起立刻修正，晚点解决所花的时间可能超过20倍。

——杰夫·萨瑟兰

4. 可以快速失败，常常失败

几乎所有的工作场所研究都显示，快乐的人生产效率较高。Scrum让员工开心、拥有热情而且投入。相较于拟定不切实际的计划，并以高高在上的态度强迫人们执行，Scrum团队则是自己计划进度并自我激励。员工有着学习与成长的机会。最后公司将拥有有动力做事而且全心投入的劳动力。

大部分公司几乎都是从负面看待失败这件事，Scrum则相反。团队被鼓励要快速地尝试失败，因为其负责拟定自己的产品待办事项。快速且决定性地找出什么行不通，可以让团队花更多时间在行得通且能切实增加价值的事物上。这是项目管理的新思维。

5. 每个人都可以检查并调整计划

透明度是 Scrum 不可或缺的元素。每个人都随时知道接下来会发生什么事。举例来说，那代表你的销售团队知道产品将拥有什么功能，如此一来他们就能在产品正式推出前就构想营销点子。每个人也都清楚知道产品何时会出炉。这是良好的公司运作方式。

项目愈透明，开发团队就会愈开心，这是不争的事实。没有私底下的尔虞我诈时，人们便会带着使命自发行动。一旦每个人正在做的事是公开透明的，而且明白显示其所做的事将让公司朝着目标迈进，强烈的使命感就会深入人心。你要让每件事一清二楚——每笔支出、每份薪水、每项花费等等。

关键思维

产品研发有条一再被证实的固定原则：80%

的价值来自 20% 的功能。想一下那代表的意义：你所购买的东西中大部分的价值，也就是大部分人想要的东西，仅仅来自最终成果的五分之一。Scrum 的本事便是知道如何先打造这 20%。如果是传统的产品研发，团队要等到做出全部的东西后，才会知道那 20% 是什么。这意味着整整有 80% 的努力被浪费掉。但如果能开始比竞争者快五倍速度交货，价值也是五倍，你就胜券在握了。

——杰夫·萨瑟兰

长时间工作不会让人做得更多，而是更少。工作做太多会导致疲劳，疲劳会导致错误，有错误你就得花力气修正。不要工作到很晚或是在周末工作，而是在平日以可持续的步调工作。而且要记得休假。

——杰夫·萨瑟兰

真正的快乐发生在过程之中而不是结果之中。我们通常只奖励结果，然而我们真正想奖励的是努力朝远大目标前进的人们。

——杰夫·萨瑟兰

6. 计划现实，而不是计划美梦

要如何执行 Scrum？步骤如下：

（1）为你正在努力的事定出产品待办事项，然后召集团队。

（2）向团队清楚说明你对于产品、服务或其他目标有什么愿景。把那个愿景拆成明确的元素，想出描述那些元素的故事。

（3）决定接下来一周大家要一起完成哪些待办事项。开始每天开 15 分钟的站立会议，协调彼此的工作并相互帮忙。

（4）征求或指定一个人担任产品负责人。依据你认为事情在接下来一年左右的走向，和对方一起公开规划出路线图。做出你在这个阶段最好的猜测。

（5）第一周结束时，召集所有团队成员，问大家："未来我们可以改变哪项做法，从而带来更多价值？"把那些点子纳入下一周的事项。指定一名Scrum队长追踪成效。

（6）全面透明。公开信息并让组织里的其他人知道你在做什么。摆出Scrum板，让任务从"待办"移到"进行中"栏位，最终移到"完成"那一栏。

（7）每周都在未来的顾客面前，展示你的示范版本，看看他们的反应。把他们的意见纳进你未来的任务。

（8）提醒每一个人：营收与成本将成为业绩评估的依据。想出如何最快速替组织带来营收的办法。

7. Scrum可以运用在任何领域

Scrum的确从软件研发起家，不过也可以用在其他地方。近期的例子包括：

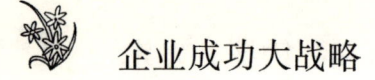

◎荷兰教师利用Scrum教导高中学生。课程开始时，学生在图表上贴上便条纸。随着课程的进行，便条纸从"待办"栏位移到"进行中"，最后移到"完成"。学生甚至可以自由选择自己想学的科目。这让课堂充满激情与活力。

◎乌干达等发展中国家利用Scrum，将农业与市场资料传到农民手中。那些资讯让他们的收成与进账倍增——这使得他们的生活为之焕然一新。

◎美国华盛顿州利用Scrum做出更好的政府决策，并以更理想的方式利用资源，有效执行州政府政策，结果相当成功。

◎各行各业的众多公司正利用Scrum做出更好的产品。

Scrum的方法被证实确实行得通。不难想象，Scrum在未来会成为每一个项目运作的方式，并为人们带来强大的好处。

> **关键思维**

扔掉名片，头衔只是虚名。让人们知道你做了什么，而不是你的称谓。

——杰夫·萨瑟兰

具有挑战性的目标能激励人们，不可能实现的目标则只会令人沮丧。

——杰夫·萨瑟兰

选择最流畅、最不会出错的方法完成事情。Scrum 就是在促成最顺畅的流程。

——杰夫·萨瑟兰

抛开所有的头衔、所有的经理人以及所有的架构。放手让人们做他们觉得最好的事，让他们担起责任。成果会令你惊讶。

——杰夫·萨瑟兰

8. 每个人自动自发做事

Scrum 有一个产品负责人，他负责领导项目，但不是老板。产品负责人明确指定该完成什么事以及为什么要这样做，接着团队自己决定由谁来负责完成那件事。这种做法远胜过让老板事事插手。

团队有百分之百的自由可以自行决定如何在 Scrum 中采取行动。不由经理人主动介入指导，而是由团队成员自己决定与选择，毕竟他们最懂自己有何本领。他们可以见机行事，随时改进，不必事事呈报然后等委员会放行。这是很棒的工作方法。

关键思维

不要寻找坏人，而是要找出坏体系——那个鼓励坏行为、奖励糟糕表现的体系。

——杰夫·萨瑟兰

过去 20 年间，我深入探究文献，寻找成就伟大事业的源头。答案令我惊奇。基本上，就是因为人类想做远大的事。人们想做令人有使命感的事——让这个世界更美好，即使只是小地方的改善也行。关键在于移除障碍，排除那些妨碍人们成就自己的那些障碍。这就是 Scrum 所做的事。Scrum 定出目标，有条不紊地，一步接一步地找出抵达目标的方法。

——杰夫·萨瑟兰

不要听那些愤世嫉俗的人说哪些事是不可能的。把事情做出来，让他们惊奇。

——杰夫·萨瑟兰